Autonomous

자율혁명

revolution

김 영 준

도서출판 부카

자율혁명

초판인쇄 | 2018년 3월 20일
초판발행 | 2018년 3월 30일
지은이 | 김영준
발행인 | 이웅현
발행처 | 도서출판 부카
주소 | 대구광역시 달서구 문화회관길 165 대구출판산업지원센터 408호
전화 | 1577-1912, 053-423-1912 팩스 | 053)639-1912
등록번호 | 제25100-2016-12호
편집디자인 | 김두현
교정편집 | 강남주
메일 | bookaa@hanmail.net

정가 15,000원
ISBN 979-11-89045-01-2(03300)

국립중앙도서관 출판도서목록(CIP)

자율혁명시대 / 지은이: 김영준. -- 대구 : 부카, 2018
p. ; cm
ISBN 979-11-89045-01-2 03300 : ₩15000
사회 변동[社會變動]
331.54-KDC6
303.4-DDC23 CIP2018007867

Autonomous
자율혁명
revolution

김영준

도서출판 부카

에필로그

현대사회는 글로벌화와 과학기술의 발전으로 세계가 하나로 연결되고 과거와는 비교할 수 없을 정도로 빠르게 발전하고 있다. 집중된 공간 속에 살아가는 인류는 개인의 생존을 걸고 무한경쟁을 하고 있다. 인터넷과 스마트폰의 확산으로 전 세계 사람들은 같은 시간에 동일한 정보를 취득할 수 있다. '우버(Uber)', '에어비앤비(Airbnb)' 등 공유경제 기업들은 영업용 자동차와 전문 숙박업소 중심의 전통적인 규범을 깨고 자가용, 일반 주택을 소유한 임대인과 이를 이용하는 임차인을 연결하는 정보 중개형 사업 모델로 글로벌 기업이 되었다.

구글의 인공지능(AI) 컴퓨터 알파고는 기계가 범접할 수 없는 세계로 생각했던 바둑에서 이세돌, 커제 등 세계 최고수와 대결에서 완승하며 세상을 깜짝 놀라게 했다.

블록체인(Block Chain) 기술을 바탕으로 하는 가상화폐는 특정 국가나 세계 기구에서 만들거나 인정하지 않음에도 사람들 사이에서 사용되고 있으며 연일 세계적인 이슈로 급부상하고 있다. 이와 같이 현대사회는 기술(Technology)과 결합하여 세계를 하나로 연결하고 신글로벌 비즈니스를 만들어가는 새로운 시대로 진입하였다.

하지만 대한민국은 전통적인 규범에서의 탈피, 새로운 사회 패러다임의 선도, 기술과 결합된 새로운 비즈니스 개발, 원천기술 개발 등의 세계적인 트렌드에 따르지 못하고 있다. 단일민족이라는 자부심의 오랜 역사는 사람들을 공간적으로는 대한민국으로 한정하고 있으며 이방인들에 대한 차별 등 글로벌화의 한계에 갇혀 있다.

IMF 외환위기 및 세계 경제위기 등과 맞물려 정규직과 비정규직, 주류와 비주류, 기성세대와 신세대, 가진 자와 없는 자 등 이분법적 사고가 사회에 널리 퍼져 있다. 정부는 정확한 원인을 파악하고 문제를 해결하려는 근본적 정책 실행의지 부족, 상하 관계 중심의 수직적 의사 결정 체계, 의전 중심, 보고서 정부, 실력보다는 사회적 위치 중심, 공무원의 전문성 부족 등으로 말미암아 신글로벌 시대에 대응하기에는 역부족인 상황이다.

따라서 젊은 세대는 사회적 불안 요소의 증가에 따른 대기업, 정부기관 등 안정적인 직장을 구하기 위하여 스펙 쌓기에 몰두할 수밖에 없는 안타까운 현실이다.

현대인들이 디지털 세상에서 살아가기 위해서는 다양한 기술과 사회 패러다임 변화를 전반적으로 이해할 필요가 있다. 하지만 복잡한 현대사회를 이해하기 위해서는 기술, 사회, 경제, 문화 등의 영역 간 융합이 필요함에도 불구하고 대부분의 도서가 전통적인 카테고리로 구분되어 있다. 따라서 일반인들이 책을 통하여 과학기술 중심의 제4차 산업혁명과 현대 및 미래사회를 이해하기는 어려울 수밖에 없다.

그래서, 필자는 사람들이 정보통신기술 및 사회 패러다임 변화 간 상호 관계성을 이해할 수 있도록 인류의 탄생에서 현대사회로 발전하기까지 과정을 시대순으로 기술하고 그 과정에서 새로운 사회 패러다임이 과학기술과 결합하여 어떻게 변화하고 있는지를 설명하고자 한다.

「하나로 연결된 인류의 과거, 현재, 미래」에서는 인류의 탄생에서부터 공동체 생활, 청동기, 철기 등 다양한 기술 발전 과정을 시대 순으로 제시하고 현대사회 및 과학기술에 어떻게 영향을 미쳤는지를 설명하였다. 또한 사회와 기술이 결합하여 시간적, 공간적, 제도적 한계를 뛰어넘는 글로벌 공동체를 지향하는 미래사회의 방향성을 제시하였다.

「세계 혁신의 원동력, 패러다임 쉬프트」에서는 패러다임 변화에 따른 사회 혁명의 변천사 및 미래 방향성을 5단계로 구분하여 각 단계별 사회 발전 과정을 설명하였다. 다만 자율혁명 시대는 인류가 발전하고자 하는 미래발전 방향이므로 새로운 장에서 다루기로 한다.

첫째, 인류가 이동생활에서 정착생활로 바뀌고 지역화(Localization) 중심으로 사회가 발전한 제1차 농업혁명 시대.

둘째, 지역 공동체 중심의 좁은 공간의 한계를 뛰어 넘어 글로벌 인류 사회로 발전 기반을 마련한 제2차 상업혁명 시대.

셋째, 인류를 글로벌로 확대하며 자연의 힘을 있는 그대로 이용하는 단계에서 인류가 만든 새로운 동력 및 기계를 활용하는 제3차 제조업혁명 시대.

넷째, 현실 공간 중심에서 인터넷, 데이터, 가상공간, 공유경제, 실시간, IoT, 집단지성 등 다양한 디지털 기술과 사회가 결합하여 실시간 글로벌 사회로 만들어가고 있는 제4차 디지털 혁명 시대.

다섯째, 국가, 민족, 금융, 생산 등 전통적 규범이나 제도권을 뛰어넘어 글로벌 인류 간 공동체를 만들어 가는 제5차 자율혁명 시대이다.

「미래사회-자율혁명 시대」에서는 「세계 혁신의 원동력, 패러다임 쉬프트」에서 제시된 제5차 자율혁명이 A · I, 3D 프린팅, 블록체인 등 과학기술과 결합하여 사회가 어떻게 변화하는지와 자율혁명 시대의 비즈니스 모델을 제시하였다.

필자는 세계인과 더불어 살아갈 우리 젊은 세대들이 민족, 국가, 한반도, 금융, 수직적 의사 결정 체계, 이분법적 사고 등 공간적, 제도적, 규범적 한계에서 벗어나 자유로운 사상을 가지고 글로벌 공동체 속에서 인간 관계를 형성하며 사회 패러다임 변화를 스스로 리딩할 뿐만 아니라 어떤 인생을 살지를 스스로 고민하며 살아가는데 이 책이 조금이나마 도움이 될 수 있기를 진심으로 바란다.

CONTENTS

CONTENTS

CONTENTS

CONTENTS

하나로 연결된 인류의 과거 · 현재 · 미래

하나로 연결된 인류의 과거 · 현재 · 미래

인간은 어떻게 생태계 먹이사슬의 최상위에 위치하였는가?

인간과 동물은 100년 내외의 유한한 생명을 갖고 있으나 종족 번식을 통해 자신들의 존재를 무한으로 확대하고 있다. 동물들은 홀로 또는 군집을 이루며 살아가고 있으나 인간과 같은 문명을 만들지 못했다. 인간은 동물보다 육체적으로 열등한 존재이면서도 먹이

사슬의 최상위에 올랐다. 이와 같은 현상을 어떻게 설명할 수 있을까? 인간과 동물의 차이점을 통해 이 현상을 설명할 수 있다.

동물들은 먹이 구하기, 서식지 만들기, 짝짓기, 서열 정하기, 천적으로부터 피하기 등 매슬로우 욕구 5단계 중 생리적 욕구와 안전에 대한 욕구 중심의 제한적 경험과 지식을 본능을 통해 후대에 전달하고 있다.

구 분	내 용
자아실현 욕구	자신의 잠재력을 극대화시켜 완성된 삶을 갈망하는 욕구
존경의 욕구	타인의 인정과 존경을 받고 싶은 욕구(자신감, 자기 효율성)
소속/애정 욕구	어딘가에 소속하고 사랑받고 싶은 인간으로서 기본 욕구
안전의 욕구	평화, 안전, 질서, 보호 등의 욕구
생리적 욕구	생명체인 인간이 생존하기 위해 필요한 가장 기초 욕구 (음식, 성, 물, 수면, 배설 등에 대한 욕구)

〈 매슬로우 욕구 5단계 〉

본능은 방대한 정보의 다양한 경험과 지식을 후대에 넘겨주기엔 한계성을 가지고 있다. 생리적 욕구와 안전에 대한 욕구 수준의 제한적 정보를 전달할 수밖에 없었고 새롭고 다양한 경험과 지식을 후대에까지 전달하기는 어려웠다.

인간은 동물에 비해 나약한 존재이나 공동체 생활과 직립보행이라는 강점으로 동물과 차별화되기 시작했다. 우선 인류는 직립보행을 하면서 양손을 자유롭게 사용할 수 있게 되었다. 양손의 자유로운 사용으로 두뇌가 발전하고 도구를 생활에 활용할 수 있게 되었다.

공동체, 직립보행, 도구로 무장한 인류는 복잡한 언어 체계를 발전시키며 언어로 상호 소통하기 시작하였다. 초기 인류는 동물 수준의 단순 언어를 사용하였으나 도구의 사용과 공동체 생활은 인간의 언어를 다양화시켰고 생각을 하기 시작한 인간은 기술의 발달을 가속화시키기 시작했다.

구석기 시대 초기는 돌을 깨어 용도에 맞게 사용하는 뗀석기 시대였으나 돌을 갈아 용도에 따라 도구를 만들어 사용하는 간석기 시대로 발전하였다. 두뇌를 가진 인간은 연장자의 경험과 지식을 중요하게 생각했고 자연스럽게 교육 시스템이 생겨나게 되었다.

손이 자유로워지고 군집 생활과 언어를 사용하는 인간은 과거, 현재, 미래라는 시간의 개념을 인지하기 시작했다. 과거와 현재는 생존과 안전의 욕구 즉, 살아가는 방법을 발달시켰고 미래는 자신들의 삶의 불확실성으로 사후세계에 대한 관심이 높아졌다. 사물을 숭상하는 샤머니즘에서 언어와 문자의 발전으로 종교가 탄생하였다.

초기 인류는 자신들이 모르는 존재를 신으로 받아들이고 그들에 대한 존경을 표현하기 위해 그림(벽화)를 그렸다. 그림은 다시 인간을 동물과 차별화하고 인류 문명을 발생시킨 근원이 되는 문자로 발달했다. 초기 문자는 사물을 형상화한 상형문자였으나 언어의 발달과 함께 다양한 경험과 지식을 빠르고 정확하게 전달하기 위한 한자, 알파벳 등 보다 정교한 문자 체계가 발명되었다.

직립보행, 공동체 생활, 도구의 제작, 종교, 언어의 사용, 문자의 발명 등 동물과 차별화되는 강점을 보유한 인류는 이를 기반으로 유프라테스강과 티그리스강 유역의 메소포타미아 문명(BC 6,500년경), 황하강 유역의 중국 문명(BC 5,000 ~ 4,000년경), 인더스강 유역의 인디아 문명(BC 3,000년경), 나일강 유역의 이집트 문명(BC 3,000년경)을 만들고 지구 생태계의 최상위에 올라서게 되었다.

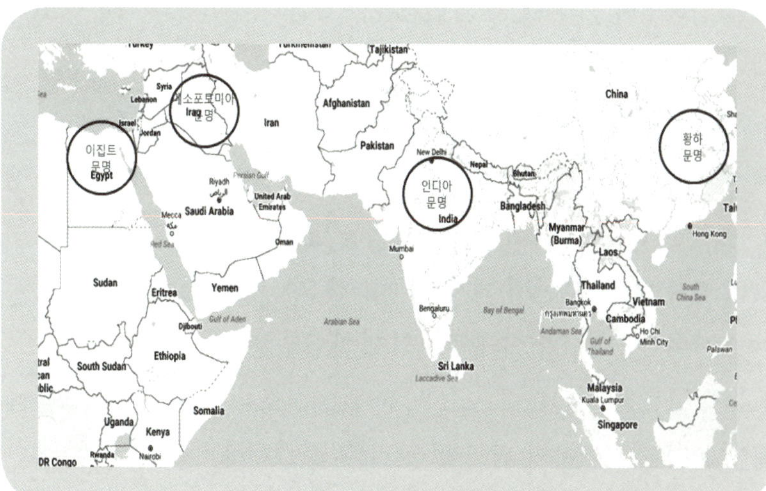

〈 세계 4대문명 발상지 〉

문자와 4차 산업혁명의 연관성은?

초기 인류의 핵심 미션은 살아남는 것과 종족 번식을 통하여 무한한 생명을 유지하는 것이었다. 그들은 살아남기 위하여 굶주림, 추위와 더위 등 외부 환경의 위협과 천적의 위협, 각종 질병 등을 극복해야 했다.

우선, 인류는 굶주림 극복을 위하여 초기에는 수렵과 채집으로 살아갔으나 농사를 짓기 시작하며 움집 등에서 정착생활을 시작하였다. 청동기 시대 가장 소출이 높은 벼농사의 시작과 철기 시대 철제 농기구를 이용한 우경 농법으로 생존에 대한 욕구가 해소되었다.

그렇다면, 인간은 어떻게 이와 같은 복잡한 기술들을 단절됨이 없이 후대로 물려주며 점진적 기술발전을 가능하게 했을까? 언어와 공동체의 교육 시스템을 통하여 자신들의 경험과 노하우를 전달하며 구전되어 왔을 것이다.

문자가 없는 종족은 기억으로 재생된 정보를 후대까지 많은 양을 전달할 수 없었으므로 언어의 발달도 상대적으로 늦을 수밖에 없었을 것이다. 기껏해야 먹거리 구하기, 위험 피하기, 약초 사용법 등 제한적 정보나 자신들의 생각을 피력하는 수준의 언어만이 생성되고 후대에 전달되었을 것이다.

문자의 발명과 함께 보다 많은 정보를 기록할 수 있게 됨에 따라 기술 발전은 빨라지고 새로운 산업이 생겨났으며 이동 공간의 확대와 지역 간 교류 활성화 등을 가능하게 하였다. 이와 같은 과정에서 생성된 방대한 정보는 아날로그 방식으로 종이에 활자로 기록되었다. 다음 세대는 이런 정보를 활용하여 새로운 기술과 산업을 만들고 새로운 정보가 기록으로 남겨지는 정보의 확대 재생산이 이루어졌다.

이것이 현대의 Big-Data 시스템의 기능인 Data-Inventory 구축과 Data 수집 및 분석을 통한 정보화라는 과정이라 할 수 있을 것이다. 물론 현대는 디지털 정보를 기반으로 과거의 인류가 상상도 못할 정도로 빠른 속도로 Data를 처리하고 분석 활용할 수 있다.

문자의 발전과 이에 따른 언어의 발전 과정에서 시작된 정보혁명은 후대로 방대한 정보를 전달하는 것을 가능하게 했다. 후손들은 이들 정보를 활용하여 기술의 발전을 가속화시켰다. 실제적으로 1차 농업혁명, 2차 상업혁명, 3차 산업혁명 간 시간적 간극은 극도로 단축되었다. 이와 같은 시간적 단축은 문자의 발전에 따른 기술의 발전이 가속화되었음을 증명하고 있다.

문자의 발명과 함께 시작된 방대한 정보의 축적은 아날로그 방식으로 처리하기에는 한계점에 도달하였으며 디지털 기술의 발전과 함께 IoT(Internet of Things, 사물통신), Big-Data 등의 최신 기술의 등장으로 제4차 디지털 혁명 시대와 제5차 자율혁명 시대를 발전시키는 근간이 되었다.

인류의 공동체 생활 시작

인간 지능과 문화의 발전과 함께 사회는 씨족사회, 부족사회, 국가 등의 발전 단계별로 공간적 확대와 내용적 분화를 이루며 언어, 종교, 제도, 문화 등 다양한 분야의 인류 문명을 발전시켜 왔다. 사회와 국가의 정의를 기반으로 인류가 어떻게 발전해 왔는지를 살펴볼 필요가 있다.

사회란 국가의 영토 안에서 규범, 언어, 문화 등을 공유하고 제도와 조직을 만들어 종족 번식으로 구성원을 재생산하면서 존속하는 인간 집단이다. 또한 국가란 통치조직을 가지고 일정한 영토에 살고 있는 다수인으로 이루어진 단체이다.

인류는 혼자 살거나 가족 중심으로 살지 않았을까? 라는 가설에서 시작해 보자. 원시 시대 인류는 먹이사슬의 하위계층이었으며 살아남기 위해 자기 보호 본능과 강력한 공격성을 내포하고 있었을 것이다. 자신이 경험하거나 부모들이 가르쳐준 경험을 기준으로 지극히 주관적이며 편협적인 방법으로 판단하였을 것이다.

현대 인류도 혼자만의 공간, 익명성의 공간에서는 원시 인류와 동일한 반응을 보이고 있는 경우가 많다. 예를 들어, 사람들이 자동차를 운전하거나 사이버 공간에서 빈번하게 발생하고 있는 현상을 보면 남들이 조금만 잘못하거나 자신의 판단과 다를 때 자신들을 위협하고 있다고 느끼고 큰소리 또는 욕을 하거나, 경적을 울리거나, 비방 글을 쓰는 등 다른 사람과 같이 있을 때는 상상도 할 수 없는 방식의 공격성을 내포하고 있다는 것을 알 수 있다.

이후 인류는 천적으로부터 살아남기 위해서는 혼자보다 여러 명이 함께 사는 것이 안전하다는 것을 인식하게 되고 이해타산적으로 군집생활을 시작하였을 것이다. 군집생활은 혼자 있을 때 보다는 구성원의 다양한 경험과 노하우를 공유할 수는 있으나, 개인 간의 이견과 다툼의 발생은 어쩔 수 없는 일이다. 이를 해결하고 여러 사람이 어울려 살기 위해 자연스럽게 공동체의 규칙이 만들어졌을 것이다. 이동을 위한 주요 교통수단은 자신들이 직접 걷는 방법밖에 없으므로 생활반경은 걸어서 움직일 수 있는 수준의 좁은 공간이며 별도의 통신 수단은 필요 없었을 것이다.

아날로그 기반의 원시 사회에서 인류는 농사, 사냥, 식사 등을 위한 제한적 도구를 제작하는 과학 발전의 태동기를 가졌다. 혈연과 공동체주의를 기반으로 한 구성원들과 함께 사냥과 생산을 하고 그것들을 공평하게 나누었다. 개개인을 존중하며 단체 생활을 중요시하는 사회였을 것이다. 또한, 매슬로우 욕구 5단계설 중 생존 및 안전에 대한 욕구가 주요한 사회적 이슈였다.

이 당시의 사회상을 살펴보면 주요 산업은 사냥 및 채집과 농사의

1차 산업, 생활에 필요한 돌도끼, 토기 등의 도구 제작, 주거를 위한 주택 건설, 외부 기상환경에 대응하기 위한 의복 제작 등 2차 산업, 공동육아, 공동교육, 타 공동체와 부족한 물품을 물물교환 하는 제한적 무역(여기서 무역은 국가 탄생 이전이므로 공동체 간의 거래를 말함) 등의 3차 산업 등으로 현대 산업 분류표에 따라 분류할 수 있다.

제도적인 측면에서는 화전 농업이 주요 산업이었으므로 공동체의 지역 이동 시기 및 이동 장소, 사냥을 떠날 시기, 농사 등에 대한 공동체 의사결정 프로세스, 내부 규약 등 제한적으로 제도가 탄생하기 시작하였다. 공동체 생활 측면에서는 인간은 개인에 따라 차이가 있으므로 개인들은 공동의 일을 하면서 자신들이 보유한 뛰어난 재능을 공동체의 다른 구성원을 위해 재능기부를 하며 공동체의 발전을 도모하였다.

원시 공동체의 Analog 사회를 현대 Digital 사회에 대비하여 보자.

1차 산업의 경우 수렵 및 채집 등 자연에서 먹을 것을 구하는 산업은 거의 사라졌으며, 농사는 사람이 아닌 기계로 대체되었다. 2차 산업의 농기구 및 가정용품은 자가 생산 방식에서 전문가들이 대장간, 가마 등에서 생산하는 가내수공업을 거쳐 석유화학 및 제철 산업에서 생산된 재료를 활용하여 자동화된 공장에서 대량생산하는 체계로 변화하였다.

3차 산업의 공동 육아, 공동 교육 등은 가정에서 직접 담당하거나 전문화된 직업으로 탄생하여 유아원, 유치원, 초 · 중 · 고, 대학교 등으로 세분화되고 Digital 기기를 활용하는 교육 체계로 변화되고 있다.

특히 3차 산업은 먹을 것, 입을 것 등 단순 품목 위주의 물물교환에서 Social Networking, Social Commerce 등 첨단 기술과 결합하여 잉여 품목이나 정보를 교환하는 등 지역, 국가, 글로벌 단위의 물물교환이 보편화되었다. 모든 품목은 화폐 단위로 가치가 책정되고 전 세계를 대상으로 상품을 교환하는 글로벌 무역 체계로 발전하였다.

원시시대 사람들의 재능은 좁은 공동체 안에서 사용되었다. 현대사회에서는 직업으로 재탄생하거나 글로벌 국가 간 불균형 해소를 위하여 의료, 교육 등의 분야에 기술을 보유한 사람들이 OECD 국가에서 개발도상국으로 봉사활동 등을 제공하고 있다.

소셜 미디어를 통하여 특정 분야에 관심을 가진 사람들이 동호회를 조직하고 상호 이해관계 없이 공동의 관심사를 기반으로 서로 도와주는 형태도 원시 공동체 사회와 유사한 형태가 아닐까?

앞으로 현대사회가 다변화되고 개인 이기주의 문제가 심화될수록 직장과 같은 보편적 생활공동체와는 별개로 공동 관심사 기반의 사적 생활공동체는 무한 확장될 것이다. 이와 같은 현상은 최첨단 디지털 기술을 활용하는 현대사회가 원시시대의 공동체 사회 모델과 결합하여 전 세계에 흩어져 있는 공통의 관심을 갖고 있는 인류 간 글로벌 공동체를 만들어 자율적인 규범을 만들어 살아가는 5차 자율혁명 시대의 사회 패러다임이 되지 않을까 생각한다.

석기 시대를 넘어 청동기, 철기 시대의 도래와 신기술 탄생

청동기 시대부터 시작된 것으로 추정되는 벼농사는 조, 피, 수수 등에 비해 월등한 생산량으로 인류를 비로소 배고픔에서 벗어날 수 있게 했다. 사람들은 소비하고 남은 쌀 즉, 잉여생산물의 증가로 사유재산을 소유할 수 있게 되었고 부자와 가난한 자의 개념이 생기기 시작하였을 것이다.

그 동안 사소한 다툼 수준이었던 공동체 간 분쟁은 전쟁으로 확대되었으며 지배와 피지배 계층이 생겨나고 공동체를 운영하기 위한 규범 제정 등 급진적 사회 변화가 시작되었을 것이다.

구석기 시대 불의 사용은 음식 조리, 추위 피하기, 천적으로부터 보호 등의 용도로 제한적으로 사용되었을 것이다. 시간의 흐름과 함께 불은 과학발전의 강력한 근간이 되었다. 불은 주석과 아연을 녹여 합금으로 만드는 청동기 시대를 열었으며 철광석을 녹여 다양한 도구를 생산하는 철기 시대를 가능하게 했다. 물론 청동기와 철기 시대라 해서 과거 석기 도구가 사라진 것이 아니라 경제적 여건에 따라 석기와 청동기 및 철기가 혼용되어 사용되었다.

이 당시의 기술 패러다임은 돌에서 동으로, 동에서 합금으로, 합금에서 철로 변하는 소재 과학의 혁신적 변혁기라 할 수 있으며 이것의 핵심 기술은 고온을 만드는 기술이었다.

70만 년 전 구석기 시대 이후 인류는 재료 측면에서 돌을 활용한 다양한 도구를 제작하기 시작했다. 인류는 BC 5,000년 전, 동 제련 기술을 개발하였고, BC 3,700년 전 청동기 시대를 열었으며 BC 2,000년경 비로소 철기 시대가 시작되었다. 소재의 변화를 일으킨 핵심 기술은 고온을 만드는 기술로서 석기 시대 300 ~ 400도, 청동기 시대 1,100도, 철기 시대는 1,500 ~ 1,600도로 단계별로 발전하였다.

소재 및 고온 과학기술의 발달은 사회 전반에 영향을 미쳤다.

정치적인 측면에서는 청동기와 철로 만들어진 강력한 무기를 기반으로 영토를 확장하고 지배 계층의 권력을 강화하며 국가를 태동하는 기반이 되었다. 넓어진 영토를 효율적으로 통치하고 왕권 강화를 위하여 종교를 국가 차원에서 받아들이고 국가를 통치하는 법을 만들었다. 동양은 국가 통치자와 종교 지도자가 동일하거나 왕권이 신권 위에 있었으나 서양은 신권이 왕권 위에 있었다고 할 수 있다.

지배 계층은 히타이트의 중앙 정원, 함무라비 신전 등과 같은 문화 · 예술 등을 발전시켜 자신의 권위를 높이려고 하였다. 이에 따라 왕이 있는 수도는 정치, 경제, 예술, 과학기술 등의 중심지로 성장하였다. 이 당시 국가는 농사를 지을 수 있는 강을 중심으로 군집을 이루는 도시 국가 수준이었으며 중앙정부는 국가 내부 정치 체제 정비, 외적 방어, 농업 생산성 향상 등이 주요 이슈였을 것이다.

경제 · 산업적인 측면에서는 철제를 활용한 농기구의 발달과 농업에 소를 활용하는 우경법의 개발로 더 많은 땅에 농사를 지을 수 있게 되었으며 막대한 생산량 증가를 수반하였다. 뛰어난 청동기, 철기 문화를 보유한 국가는 도시 국가에서 출발하여 인근 도시를 복속하고 영토 확장 등 본격적인 약탈 경제의 시작으로 국가의 부는 증가하였다. 청동기 · 철기 시대는 원시 공동체 사회인 석기 시대와는 비교도 할 수 없을 정도로 사회 구조는 분화되었다.

사냥 및 채집, 농업, 토기 및 석기 도구 제작 등 제한적 산업을 기반으로 한 물물교환 중심에서 국가 기반산업은 여전히 농업이었으나 그 당시의 핵심기술이었던 제철업을 기반으로 병장기, 농사도구, 귀족을 위한 장신구 등 제조업 분야가 급속도로 성장하였다.

원형바퀴를 갖춘 수레의 발명으로 국가 및 지역 간 상업 교류는 활성화되었으며 현대의 농업, 제조업, 상업 등 현대 산업과 유사한 체계가 만들어 졌다.

이 당시의 선진국들은 뛰어난 청동기, 철기 기술을 기반으로 중동 메소포타미아 문명, 중국 황하 문명, 이집트 나일강 문명, 인도 인더스 문명 등 4대 문명을 꽃피웠다. 이들은 인접 지역을 복속하고 고대 국가를 건설하며 현대사회까지 이어지고 있는 민족과 국가 체계를 완성하였다.

사회 · 문화 측면에서는 신석기 시대(BC 8,000년) 세계 인구는 약

1,000만 명 이었으나 벼농사의 시작, 농사에 소를 활용하는 우경법의 적용, 선진화된 농기구 발명, 수레의 발명 등 기술의 발달로 AD 1년 세계 인구는 약 3억 명으로 30배 가까이 증가하였다.

지배 계층들은 원시공동체 사회의 수평적 사회구조에서 중앙 정부와 지방의 중심 거점 지역을 중심으로 중앙 집중적이며 수직적으로 국가를 관리하는 체계를 도입하였다. 각국의 수도 또는 지방 중요 지역은 많은 사람들이 모여 사는 도시가 자연스럽게 형성되었다.

청동기, 철기 시대의 도래와 함께 막대한 부를 축적한 지배 계층은 청동, 금, 은 등을 귀중품, 장식, 미용 등에 활용하기 시작하였다. 문자를 기반으로 정치, 경제, 역사, 산업, 예술 등 다방면의 기록문화를 만들어 후세에 전달하는 토대를 마련하였다. 특히 예술 분야는 문자, 그림, 음악(악기, 소리 등), 공예 등이 어우러져 인간의 내면을 다루는 분야가 점진적으로 발전하였다.

기술 측면에서는 핵심 과학기술인 철, 청동 제련 기술을 국가에서 관리하였다. 후진국들은 제련 기술을 습득하기 위하여 당시의 기술 선진국에 스파이를 보내거나 관련 기술자를 스카우트 하는 등 기술 확보에 총력을 기울였다.

과학기술의 발달과 함께 시작된 잉여생산물 증가로 국가 및 지역 간 교역을 위하여 수레 기술의 개발은 필수적이었다. 수레 기술의 발전은 동시대 물류산업의 혁신뿐만 아니라 현대의 자동차 기술로 발전하는 근간이 되었다. 만약 수레를 경험하지 않았다면 사람들이 스스로 움직이는 수레(자동차)를 상상할 수 있었을까?

산업 다양화와 기술의 발전, 생활 양식의 변화 등과 함께 인류는 BC 3,100년 전 문자(쐐기문자, 메소포타미아 문명)를 발명하고 법률, 기술, 편지 등 다양한 기록을 파피루스, 양피지, 진흙 등에 기록하기 시작했다. BC 150년경 중국에서는 최초로 현대적인 종이를 만들어 사용했다. AD 105년 중국의 채륜은 전국에 흩어져 있던 종이 관련 기술을 집대성하였으며 이로 인해 종이의 사용은 전국적으로 확산되었다.

중국의 제지 기술은 이슬람(약 8세기), 유럽(12세기) 등으로 전파되었다. 각국은 문자와 종이를 활용하여 다양한 지식과 정보를 후대로 전달할 수 있는 체계의 완성으로 디지털 시대의 글로벌 정보화를 이끄는 근간이 되었다.

초기에는 청동기와 철의 제련 기술이 발달되지 않아 많은 불량품이 생산될 수밖에 없었을 것이므로 철 가격은 현대의 금보다 훨씬 고가였다. 주로 무기 제작 등 군사용과 지배 계층의 권위를 향상시키기 위한 용도로 제한적으로 이용되었다. 제련 기술의 발달과 일반화는 국방용 중심에서 산업과 일상생활 속으로 빠르게 침투하였다.

제련과 소재 기술의 발달은 군수 산업, 농업 기계화, 귀금속, 생활용품 등과 관련된 제조업 기반 2차 산업을 가속화하였다. 2차 산업의 발전은 농업 등 1차 산업의 생산량을 극대화하고 국내 상거래와 해외 무역 등 3차 산업을 활성화시켰다.

자연에서 구한 돌을 깨거나 갈아서 사용하는 수준에서 용광로에 열을 가하여 철광석을 녹여 철 성분을 추출하는 소재 산업으로 혁신적 발전을 이루었다. 철 제련 기술은 국가 기반 산업으로 현대사회에서도 통용되고 있으며 소재 산업과 결합하여 제3차 산업혁명 시대의 글로벌 장치 산업으로 발전하였다.

이와 같이 과학기술과 패러다임을 선점한 자가 세계선도 집단으로 성장할 수 있는 것이다. 수력, 풍력, 소나 말, 노동력 등에 의존하던 시대에서 새로운 동력원을 통하여 기계로 생산하는 자동화 시대가 열렸다. 그 과정에서 영국은 기계화의 세계 1위 기술력을 기반으로 대량생산 체계를 갖추고 세계 최고의 강대국이 되었다.

다른 예로 아날로그 시대에서 디지털 시대로 변화를 보자. 디지털 혁명 시대는 1970년대 PC의 보급과 인터넷의 도입으로 IBM, HP, Apple, Cisco 등 초일류 글로벌 기업을 탄생시켰다. 해당 기술의 활용 범위는 국방용과 과학기술 사용 중심에서 교육, 오락, 사무용, 산업용 등 다양한 범위로 확대되었으며 반도체, 소재, 콘텐츠 등 관련 신산업을 만들어 내었다.

기술 발전과 인간의 탐욕이 낳은 초글로벌 사회

원시 공동체 시대는 지역화 중심의 제한적 공간에서 생활하는 시대였다. 기껏해야 1주일 내 걸을 수 있는 거리가 최대 생활 반경이었을 것이다. 말과 낙타를 이동수단으로 활용하면서 인류의 생활 반경은 지극히 넓어졌으며 이제 나라를 넘어 국가 간 이동이 가능해졌다.

인류는 농경 생활 이후 정착 생활을 시작하였으며 무기, 건축, 섬유, 의류, 화장품, 예술 등 다양한 분야의 신산업을 만들었다. 한 지역 또는 국가 내에서 소비되고 남는 잉여생산물은 지역 내 거래와 국가 간 무역을 통하여 필요한 곳에 분배되었다. 국가 간 무역을 통해 다른 나라와 지역의 정보가 점진적으로 축적되었다. 군사적 우위를 갖고 있었던 국가의 국왕 등 지배 계층들은 이와 같은 정보를 활용하여 전쟁으로 영토를 확장하였다.

그 동안 인류의 역사는 끊임없는 전쟁의 연속이었다고 해도 과언이 아니다. 전쟁이 사람들을 죽이는 끔찍한 행위이지만 역설적으로 국가 간 문화 융합, 새로운 세상의 경험 등을 가능하게 하였다. 국가 간 정복과 무역을 통한 글로벌 이동으로 세계의 문화는 상호 융합되기 시작하였다. 이후 세계의 사회문화와 과학기술은 상호 영향을 받으며 빠르게 발전하기 시작하였다.

말과 낙타를 이동수단으로 확보한 인류는 잉여생산물과 자국의 특산물을 국가 내는 물론이고 외국과 거래를 할 수 있게 되었다. 교통수단의 한계로 거래의 공간적 범위는 여전히 인접 국가 수준의 좁은 범위였다. 물론 육로를 통하여 멀리 떨어져 있는 국가 간 이동은 가능하였으나 전쟁이나 일부 상인들 위주의 무역 등으로 제한적이었다.

본격적인 무역과 글로벌화의 시작은 나침반, 조선업, 항해술이 3박자를 갖춘 15C말 이후 2차 상업혁명 시대이다. 네덜란드, 포르투갈, 스페인 등 유럽 국가들은 대형 범선을 활용하여 아시아, 아메리카 등의 대륙과 무역을 하거나 식민지로 정복하여 금, 은, 철광석, 향신료 등 자신들이 필요로 하는 것을 강탈하였다.

유럽의 강력한 과학기술을 기반으로 한 군사력의 발전은 아시아, 아프리카, 아메리카 대륙 등의 국가들이 더 이상 국내, 가까운 인근 국가 간 교류만으로는 국가의 존립 자체를 위험하게 만들었다. 이에 따라 인류는 경쟁에서 살아남기 위해서 글로벌을 기반으로 살아가는 세계화의 시대에 접어들었다.

제1, 2차 사회혁명을 거치면서 기술력과 자금력을 확보한 유럽 국가들은 전 세계를 상대로 전쟁, 식민지, 무역 등을 통하여 세계를 물리적 및 경제적으로 하나로 연결하는 글로벌 사회를 만들었다.

인류는 제 3차 산업혁명을 거치면서 교통기술의 혁신적 발전으로 세계를 물리적 1일 생활권화시켰다. 또한, 제 4차 디지털 혁명 시대에 정보통신기술의 발전은 인터넷, 소셜 미디어를 통하여 세계를 실시간으로 연결하는 초글로벌 사회를 탄생시켰다. 기술적 진보와 경제적 탐욕으로 인류는 초글로벌 사회로 진입하고 유럽 국가들은 **초글로벌 사회** 패러다임을 수단으로 국가주의, 민족주의 등 자국의 이익을 우선시하는 글로벌 정책을 추진하였다. 주요 선진국들은 과학기술과 글로벌 패러다임 선점으로 수백 년 동안 막대한 이익을 확보하였다.

그 과정에서 개발도상국은 선진국의 정치, 경제적 식민지로 전락하였다. 이와 같은 고난의 세월을 이겨낸 일부 개발도상국은 선진국의 문화를 빠르게 학습하고 해외 생산기지 역할을 수행하며 새로운 발전의 전환기를 맞이하였다.

현대사회에서도 강대국들은 무역적자 심화, 실업률 증가, 산업 경쟁력 하락 등 자국의 사회적 문제를 해결하기 위해 세계 국가 간의 힘의 불균형을 이용하여 자유무역 중심에서 보호무역으로 회귀하는 등 탈 글로벌화를 통하여 사회적 이슈를 회피하려 하고 있다.

이와 같은 불공정한 행위는 글로벌화를 지향하는 인류의 니즈를 파악하지 못한 일시적 퇴보 행위일 뿐이다. 글로벌화는 일부 정치집단 또는 국가 차원에서 거스를 수 없는 인류가 나가야 할 패러다임이다.

그 근본에는 사람이 있다. 국가는 정치적 행위로 글로벌화를 역행할 수 있으나 사람들은 세계인과 실시간 교류하며 서로의 문화에 대한 이해도가 높아가고 있다. 이와 같은 인류 간 소통과 사상의 점진적 발전으로 사이버 공동체가 인터넷을 통하여 생겨나고 있다.

현대사회는 국가, 민족 등 제도권 중심이지만 향후 가까운 미래에 전통적인 국가 개념은 미약해지고 공간을 뛰어 넘어 사이버 또는 인터넷과 Off-Line의 공간이 혼재하는 새로운 개념의 공동체 중심의 사회가 탄생하지 않을까?

미래사회의 인류는 On-Line과 Off-Line이 결합한 새로운 세상에서 국가나 도시 단위가 아닌 인간 중심의 새로운 공동체 속에서 살아갈 것이며, 하나의 공동체에 소속되는 것이 아니라 다수의 공동체에 속해 살아갈 것이다.

세계 혁신의 원동력
Paradigm Shift

인류는 구석기 시대 이후 69만년 동안 동물과 유사한 떠돌이 생활을 하며 생존하기 위해 외부 환경과 맞서 왔다. 인류의 근본적 발전과 혁신의 원동력은 Paradigm Shift라 할 수 있다. Paradigm Shift의 동인별로 제1차~제5차 혁명으로 분류하였다.

제1차 농업혁명 시대는 인류가 이동생활에서 농사를 지으며 정착생활을 시작하면서 발생하는 사회 변화를 철기, 청동기 등 소재 기술의 발전과 연계하여 기술하고자 한다. 핵심 Paradigm은 정착이다.

제2차 상업혁명 시대는 교통과 통신 기술 수준이 낮아 인류의 생활 근거지는 도보, 말 등을 이용하여 이동할 수 있는 수준의 근거리 생활권이었으나 과학기술의 발전과 함께 세계가 하나로 연결되어 발생하는 다양한 사회 현상과 인간생활을 연계하여 기술하고자 한다. 핵심 Paradigm은 글로벌이다.

제3차 제조업혁명 시대는 인류가 자신의 노동을 투입하고 자연을 있는 그대로 활용하는 생활에서 기계화와 자동화 등 인류가 만든 발명품을 이용하여 인류의 노동을 최소화하고 농업 중심에서 제조업으로 변화하는 과정에서 발생하는 사회변화와 기술의 연관성에 대하여 기술하고자 한다. 핵심 Paradigm은 기계화 · 자동화이다.

제4차 디지털 혁명 시대는 아날로그에서 디지털로 진화하고 실시간 정보를 기반으로 인류 간 소통하는 완전한 글로벌 시대로 발전하였다. 디지털 혁명 시대를 이끌었거나 향후 이끌 혁신적 기술과 사회변화 및 인류생활을 기술하고자한다. 핵심 Paradigm은 디지털이다.

제5차 자율혁명(Autonomous Revolution)시대는 인류가 국가, 민족, 종교, 정치, 금융 등 다양한 제도권의 틀에서 벗어나 글로벌 인류 간 자율적 공동체를 기반으로 다양한 커뮤니티 속에서 살아가게 될 미래 인류에 대하여 기술하고자 한다. 핵심 Paradigm은 자율이다. 자율이란 자율 자동차에서 적용되는 사물이 스스로 알아서 움직이는 생명체를 의미하는 것이 아니라 제도권을 벗어나 사람들 스스로 규범과 공동체를 만들고 살아가는 것을 의미한다.

글로벌 사회는 패러다임 변화와 함께 새로운 과학기술을 수용하며 혁신적 발전을 하고 있다. 새로운 패러다임은 과거 패러다임을 없애고 새롭게 만들어지는 것이 아니다. 과거의 패러다임 기반위에 사회를 혁신시킬 새로운 패러다임이 만들어지고 새로운 과학기술과 결합하는 것이다.

「세계 혁신의 원동력 - Paradigm Shift」 편에서는 글로벌 인류가 지나온 제1차, 2차, 3차 사회혁명과 현재 진행형인 제4차 디지털혁명을 다루고자한다. 앞으로 미래사회가 지향하는 제5차 자율혁명시대는 「미래사회 - 자율혁명시대」 편에 별도 구성토록 하겠다.

세계 혁신의 원동력
Paradigm Shift

제1차 농업혁명 시대 : 떠돌이에서 정착의 시대로

인류는 구석기 시대부터 신석기 시대 초까지 사냥과 수렵, 채집 생활을 하며 자연환경을 있는 그대로 활용하던 시대에서 신석기 시대에는 인간이 자연환경을 변화시켜 필요한 식량을 생산하는 새로운 산업 즉, 인류 최초의 산업인 농업을 탄생시켰다. 농업의 탄생과 함께 인류는 농사를 짓고 수확하는데 최소 6개월 이상의 시간이 소요됨에 따라 정착생활을 할 수밖에 없었다.

인류의 이동생활에서 정착생활로의 변화는 인류의 의 · 식 · 주와 생활 방식에 본격적인 변화를 일으키기 시작한다. 조, 피, 수수 등 소출이 낮은 농작물 재배에서 기존 농작물과는 비교할 수 없을 정도로 높은 생산량을 제공하는 벼농사의 시작은 인류에게 잉여생산물을 제공하기 시작했다.

인류는 단백질을 보충하고 식량으로 사용하기 위하여 초기는 수렵으로 동물들을 사냥하였으나 점차 개, 소, 말 등 야생 동물을 집에서 기르기 시작했다. 특히 소와 말을 농사에 활용함으로써 그 동안 농사를 짓기에 적당하지 않았던 땅을 개간하여 농작물 재배가 가능하게 되면서 잉여생산물은 더욱 증가하였다. 잉여생산물의 증가는 공유재산 체계에서 사유재산 체계로 전환시키고 수평적 구조에서 신분제를 통한 수직적 구조로 전환시키는 역할을 하였다.

그 동안 동굴, 움집 등 이동생활에 적당한 주거지에서 농사 도구, 가축, 생활용품, 잉여생산물 등의 저장 공간과 맹수와 추위로 부터 피하기 위한 울타리를 가진 집을 짓고 살기 시작하였다. 인류는 정착생활로 인구가 증가하고 촌락의 규모가 커짐에 따라 공동체 생활을 위한 규칙과 규범을 만들고 본격적인 문화와 산업이 만들어지기 시작하였다.

물론 초기 공산 경제 중심에서는 산업이 아니라 생활에 필요한 필수품을 공동 생산, 사용, 분배하는 체계였을 것이다. 잉여생산물의 증가와 함께 시작된 사유재산제에서는 물물교환, 화폐 사용 등으로 상품 거래가 확산됨에 따라 산업으로 발전하였다.

인류의 정착 생활은 농업에서 시작되었다. 농사를 짓기에 가장 적정한 장소는 비옥한 토양과 더불어 농작물에 물을 지속적으로 공급할 수 있는 커다란 강 주위였다. 강들은 비옥한 토지를 주었을 뿐만 아니라 홍수에 따른 범람 등 재난도 동시에 제공하였다.

인류는 홍수 등 다양한 자연재해가 반복적으로 발생함에 따라 통계 학습이 가능하게 되었을 것이다. 이와 같은 학습은 과학기술 발전을 위한 토대가 되었다. 범람에 따른 기상 예측과 소유권 분쟁 해결을 위한 수학, 측량학, 천문학 등 원천 과학기술이 발전하였다. 자신들의 지식을 후대에 전달하기 위한 언어의 발달과 문자의 발명 과정을 거치면서 철학, 논리학, 역사 등 다양한 학문이 발전하였다.

인류는 과학기술 및 학문의 발전을 기반으로 자연의 힘과 가축을 활용하였다. 또한 인간의 힘을 최대한으로 이끌어 내기 위한 수레, 쟁기, 물레방아, 기중기 등 다양한 도구를 개발하여 생활에 사용하였다.

인류는 이를 기반으로 생산 능력의 혁신적 향상과 시간적 여유를 갖게 되었다. 이에 따라 인간의 미적 본능 및 보여 주기 본능을 충족하기 위한 음악, 미술 등 예술 분야와 화장품, 의류, 음식 등 필수 소비재 그리고 주택 및 주택 인테리어 등 주거 관련 산업 등 다양한 산업 분야의 발전을 이룩하였으며 인류의 산업은 다양화의 기틀을 갖추기 시작한다.

인류는 구석기 시대 이후 농업혁명까지 69만년 동안 떠돌아다니며 동물과 유사한 생활을 하였으며 자연 생태계 내 먹이사슬의 하위 계층에 있었다. 그러나 인류는 제1차 농업혁명 이후 제2차 상업혁명 이전까지 약 9,500년의 시간을 투자하여 문자와 언어를 기반으로 수학, 철학, 천문학 등 다양한 분야의 학문적 기틀과 농업, 제조업, 서비스업 등 다양한 산업 발전의 기틀을 마련하였다.

이 당시의 큰 특징은 교통과 통신 기술의 한계로 지역과 민족 중심의 제한적인 교류 즉, 지역화(Localization)라 할 수 있을 것이다. 지역 간 문물의 교류는 전쟁을 통하여 지역 간, 문물 간 교류가 이루어지거나 상인 등 제한적 사람들만이 타 지역 문화나 기술을 습득할 수 있었을 것이다.

선진 문명을 보유한 나라는 그 지역의 핵심 세력으로 성장할 수 있었으나 상대적으로 저개발 국가는 국제 경쟁 또는 지역 경쟁에서 뒤처질 수밖에 없었을 것이다.

두 번째 특징은 계급 사회에 따른 계층 간 단절로 소통 부족과 정보의 불균형이라 할 수 있을 것이다. 귀족 계층은 자신들의 기득권을 정보의 독점을 통하여 유지하고 서민 계층에 제공하지 않았을 것이다. 이에 따라 계층별 문화는 독자적으로 발전하였을 것이며, 계층 간 소통의 부재로 사회 발전에는 한계가 있었을 것이다.

상위 계층은 정보의 독점을 통하여 재화를 독점하고 이를 기반으로 예술, 주거, 미용, 의복 등 문화생활 위주로 발전하였을 것이다. 먹고 살기 바쁜 서민 계층은 여행을 하거나 상위 계층의 문화를 접할 기회가 부족하였으므로 외부 세계와 정보는 단절될 수밖에 없었으며 최소한의 생활을 위한 농사 즉, 생산을 담당할 수밖에 없었다.

하위 계층은 자신들의 노동을 최소화하고 보다 높은 생산성 향상을 유지하기 위하여 자연스럽게 농기구 등 과학기술 측면에 관심을 둘 수밖에 없었다. 서민층 문화는 값싼 재료나 자연에서 쉽게 얻을 수 있는 재료들을 활용하여 의식주와 미용 등에 필요한 다양한 도구들을 만드는 생활 문화 위주로 발전하여 왔다.

우리는 1차 농업혁명 시대 동안의 특징을 지역화, 정보 불균형 그리고 계층 간 단절에 따른 소통 부족 등으로 특징지을 수 있다. 1차 농업혁명 시대 이후 2차 상업혁명 시대까지 9,500년이 걸릴 수밖에 없었던 이유는 크게 2가지로 볼 수 있다.

먼저 문자, 언어 등 그 동안 없었던 새로운 기반기술을 마련하기 위해서는 절대적인 시간이 필요하다. 또한 지역화, 정보의 불균형, 소통 부족 등은 사회발전을 더디게 했으며 새로운 기술을 수용할 수 있는 사회 환경은 한계성이 있었기 때문일 것이다.

인류는 혁신적으로 발전할 수 있는 기반을 제1차 농업혁명 시대에 마련하고 제2차 상업혁명 이후부터는 제1차 농업혁명 시대의 문제점을 해결하며 절대적 시간을 단축하며 인류사회는 혁신적으로 발전하기 시작한다.

제2차 상업혁명 시대
: 공간을 초월한 글로벌 시대 진입

상업혁명 시대의 패러다임은 1차 산업혁명의 지역화(Localization)를 뛰어 넘어 인류 생활의 근거지를 전 세계적으로 확장하는 글로벌화(Globalization)로 정의할 수 있다.

글로벌화를 위한 나침반, 화약, 종이 등의 핵심 기술들은 중국 즉, 동양에서 시작되었으나 제1차 농업혁명 시대 동안 무역과 전쟁을 통하여 글로벌화에 필요한 조선업, 화약 제조 및 신무기 제조기술, 항해술 등 다양한 기술을 습득한 유럽은 상업과 군사력을 기반으로 아프리카, 아시아, 아메리카 등의 대륙을 식민지로 삼거나 무역을 통하여 국가의 부를 축적하기 시작한다.

당시 중국은 여전히 무역의 중심이었으나 세계의 중심을 자신들로 생각하는 중화 사상으로 유럽 등 해외 시장 진출에는 소극적이었다. 이와 같이 기술을 선도적으로 개발하였다 할지라도 패러다임을 창조하거나 이끌어 내지 못하면 세계의 경쟁에서 뒤처질 수밖에 없다.

2차 상업혁명 시대의 변화를 보면 산업적인 측면은 농업 중심에서 상업과 수공업 중심으로 이동하기 시작했고 금융 산업이 발전하는 기반이 마련되었다.

정치적인 측면은 봉건주의 시대에서 시민 즉, 인류 평등 등 사람 중심의 인본주의를 통하여 정보 불균형의 해소와 계층 구분이 약해지고 사람들 간 소통을 통하여 사회가 발전하는 시대로 진입하고 있었다.

경제적인 측면에서는 지역에서 생산하고 소비하는 시대에서 글로벌화를 기반으로 전 세계를 상대로 물자가 이동하는 시대로 변화하고 있었다. 즉, 2차 상업혁명의 패러다임은 글로벌화, 상업과 제조업, 인간 중심과 소통으로 표현할 수 있을 것이다.

2차 상업혁명 시대는 이탈리아 도시국가, 포르투갈, 네덜란드, 스페인, 영국 등의 국가들이 세계의 패권을 잡았다. 1차 농업혁명 시대까지만 해도 유럽은 세계의 변방이었다. 이탈리아 도시국가들은 로마 제국 멸망 이후 오랫동안 수많은 도시국가로 존재하였다. 1,400년대 후반 지중해를 통하여 세계 열강이었던 오스만 제국과 중계무역하며 동양과 유럽을 연결하는 교역 중심지로 성장하였다.

대규모 자본을 필요로 하는 중계무역의 특성상 금융 산업의 발전은 필수적인 요소였으며 은행과 어음 제도를 탄생시켰다. 그러나 막대한 자산을 보유한 귀족층은 산업에 투자하는 것보다 훨씬 안정적이며 큰 수익을 제공하는 부동산 투자에 집중하였다. 이와 같은 부동산 쏠림 현상은 국가 잠재성장력을 현저하게 떨어트렸다.

대형 함선 제작, 항해 지도, 나침반 등 새로운 항해 기술의 발달은 무역을 위한 신항로 개척을 가능하게 하였으며 이는 새로운 경쟁 상대를 등장하게 하였다. 하지만 당시 이탈리아 도시국가들은 글로벌화라는 세계 패러다임을 선도한 것이 아니라 지리적 이점을 활용한 유럽과 동양을 연결하는 단순 중개무역 시장이었다. 과학기술을 발전시키고 미래 시장 개척 등 패러다임을 이끌지 못한 이탈리아 도시국가들은 글로벌화를 선도하는 새로운 경쟁 상대에게 그 자리를 넘겨주게 된다.

포르투갈은 1430년대부터 16세기까지 유럽의 전성기를 이끈 국가로서 일찍이 글로벌화에 집중하여 인도, 아메리카 등으로 신항로 개척과 식민지 개발에 앞장서며 식민지에서 막대한 금과 은을 수도 리스본으로 유입하였다.

신항로 개척과 식민지 개발에 막대한 자금을 투자한 왕실과 귀족들은 엄청난 경제적 부를 축적하였다. 포르투갈 역시 축적된 부는 국가의 잠재성장력을 높이는 상업자본 시장에서 쉽게 부를 축적할 수 있는 부동산 시장으로 이동하게 된다. 왕실과 귀족들은 축적된 부로 대저택을 구입하기 시작함에 따라 부동산 수요의 증가로 부동산 버블이 시작된다.

포트루갈 역시 이탈리아 도시국가들과 마찬가지로 축적된 부는 투자자본 시장에서 부동산 투기시장으로 급격히 빠져 나갔다. 부의 특정 계층 집중은 사치와 향락으로 이어져 국내의 부는 귀금속 등 사치품의 수입이 증가하면서 국외로 유출되게 된다.

이와 같이 포르투갈은 당시 세계의 패러다임이었던 글로벌화를 선도하였으나 계층 간 단절 및 정보 불균형의 지속, 제조업의 취약 등 새로운 시대의 패러다임을 이끌기에는 한계성이 드러났다. 포르투갈 역시 과학기술을 기반으로 신항로 개척과 식민지 개발에 집중 투자했던 새로운 경쟁자에게 글로벌화의 패러다임을 넘겨주게 된다.

유럽의 변방 국가였던 네덜란드의 전성기는 17~18세기로서 인도를 점령하고 동인도 회사를 설립하여 인도의 향료 무역을 독점하였다. 이탈리아 도시국가와 포르투갈이 단순 중개무역이나 식민지로부터 금과 은 즉, 직접적 재화를 유입하였다면 네덜란드는 농업, 어업, 조선업, 제재업 등 국내의 다양한 제조업 산업 기반을 조성하고 향료 등을 직접 조달하여 유럽 전역에 수출하며 국가 경쟁력은 이탈리아 도시국가와 포르투갈과 비교할 수 없을 정도로 향상되었다.

네덜란드는 당시 산업 기반이었던 어업을 통하여 항해술 등을 축적하였다. 점진적 기술 축적과 함께 신항로 개척을 시작한 네덜란드는 청어 등 해산물을 유럽 전역에 공급하고 인도의 향료 무역 독점과 식민지 개척으로 막대한 자금이 국내로 유입되었다.

수산업의 특성을 활용한 금융 선물거래제의 도입, 어음제도 및 은행업 등 금융 산업 전반을 선진화하였다. 또한, 인간의 노동력 한계를 극복하고 제조업 생산력 향상을 위하여 풍차를 고도로 활용하였으며 이는 기계화의 서막이라 할 수 있다.

농업, 제재업, 조선업, 어업 등은 기계화를 통하여 산업 생산성은 증가하였으며 유럽의 다른 국가들에 비해 높은 기술 수준을 보유하였다. 영국, 프랑스, 스페인 등 주변 국가들은 고도 경제성장을 지속하는 네덜란드를 국제 정치적으로 경계하기 시작하였다. 네덜란드는 전쟁과 국제 정치에서 위상을 갖기 위한 노력 등으로 국부를 유출하게 된다. 막대한 자금의 유입은 국내 경제의 인플레이션을 가져왔고 임금이 상승함에 따라 국가 잠재 성장의 동력을 점진적으로 상실하기 시작한다.

해운과 교역이 국가 기간산업이었으나 글로벌화로 무장한 영국, 스페인 등의 강력한 경쟁자들의 등장과 함께 관련 산업의 시장지배력과 이윤은 줄어들기 시작한다. 네덜란드는 이탄, 풍차를 활용한 기계화의 기술력은 세계 최고 수준이었으나 석탄과 철의 시대로 기술 패러다임 변화를 간과하였다.

세계의 글로벌화는 기본 패러다임으로 정착되었으며 바야흐로 기술혁명 시대로 진입하고 있었으나 네덜란드는 이를 간과한 것이다. 인구수 부족 및 소규모 영토의 한계를 극복하지 못하고 비우호적인 국제정세 및 대내 경제불안 등 대내외적 여건으로 스페인에게 그 자리를 넘겨주게 된다.

지중해 연안 국가인 스페인은 이슬람 문화와 기독교 문화가 공존하는 다문화 국가로 성장한다. 711년 이슬람 국가의 침입으로 오랫동안 이슬람 문화권의 영향을 받았다. 카스티야 공주 이사벨 1세와 아라곤의 왕자 페르난도는 1469년 결혼하면서 통일된 스페인 왕국이 탄생하게 된다. 강력한 세력을 구축한 통일 스페인 왕국은 콜럼버스가 아메리카 대륙을 발견한 해인 1492년 이슬람 세력을 완전히 이베리아 반도에서 축출하였다. 이후 해외 식민지 개척을 활발하게 하며 최고의 전성기를 누린다.

이사벨 여왕은 왕국을 이끌 왕자를 남기지 못하고 세상을 떠났다. 왕위 계승 순위에 따라 외손자인 신성 로마 제국의 황제 카를 5세가 스페인 국왕으로 즉위하였다. 이와 함께 스페인은 합스부르크 왕국으로 편입된다. 아메리카 대륙의 발견 이후 스페인은 강력한 해외 식민지 정책을 추진하였다. 브라질을 제외한 남아메리카 대륙 전역, 북아메리카 대륙의 1/3, 필리핀 등을 식민지로 만들자 금 · 은 등 막대한 자금이 스페인으로 유입된다. 스페인은 이 당시 전 세계 금 총 생산량의 약 80% 이상을 차지하였다.

카를 5세의 아들 펠리페 2세는 레판토 해전의 승리로 명실상부한 유럽의 최강자가 되었다. 최전성기 시절에는 네덜란드, 룩셈부르크, 벨기에, 이탈리아, 독일 일부, 프랑스 일부, 아프리카, 아시아, 오세아니아, 아메리카 등을 영토로 하는 세계 초일류 국가가 되었다.

전성기 시절 스페인의 국왕들은 글로벌 진출의 중요성을 인식하고 1492년 아메리카 대륙 발견, 1519년 마젤란, 1522년 엘카노 등의 해외 항로 개척에 황실 차원에서 적극 지원하였다. 그러나, 세계 전역에 흩어져 있는 식민지와 유럽의 광활한 영토를 차지한 스페인은 유럽 각국의 견제를 받을 수밖에 없었으며 프랑스, 영국 등 유럽 강국들과 전쟁이 끊이지 않았다. 식민지로부터 막대한 금은의 유입으로 환율과 물가는 상승하였으며 지속적인 전쟁으로 막대한 비용이 지출되었다.

귀족들의 사치스러운 생활로 해외 수입은 막대하게 증가하였다. 식민지에서 유입되는 금·은 등 막대한 자금은 해외로 그대로 빠져나가고 있었다. 이전 국가의 사례와 같이 스페인 역시 유입된 자본이 생산에 투입되는 것이 아니라 부동산 시장으로 유입됨으로써 부동산 가격을 가파르게 상승시켰다.

계속된 전쟁과 사치, 잠재 경제 성장력 저하, 해외 식민지로부터 금과 은의 유입 축소로 왕실 재정은 어려워졌다. 정부는 부족한 재원을 확보하기 위하여 국채를 발행할 수밖에 없었다. 급기야 해외 자본이 국내로 유입되는 동시에 국채 이자를 상환하기도 어려운 지경이 되었다.

결정적으로 스페인을 어렵게 만든 것은 1588년 세계 최강이었던 스페인의 무적함대가 영국에 패배하면서였다. 전쟁의 패배로 스페인은 상업 시대 핵심 요소였던 글로벌 해상권을 영국에 넘겨주게 된다. 이로 인하여 네덜란드가 왕국에서 떨어져 나와 독립하고 인근 유럽 국가들의 이탈이 가속화되면서 영국으로 주도권이 넘어가게 된다.

스페인은 영국, 프랑스, 네덜란드, 이탈리아 등과 힘의 균형을 이루는 유럽 국가 간 경쟁과 해외 식민지 전략을 동시에 추진하여 힘이 약화될 수밖에 없었다. 산악 지형으로 유럽 국가 간 경계를 이루는 지형적 특성상 광활한 영토를 말에 의존하는 교통 및 통신 수단으로는 방대한 국가를 효율적으로 운영하는 것은 한계가 있었다.

만약 현재의 교통과 통신 수단이 있었다면 국가 간 정세 변화를 신속하게 파악하고 국가의 재정 문제를 실시간으로 감시하면서 통합 유럽 국가를 운영할 수 있었을 것이다. 다문화, 글로벌, 해운 등 제2차 상업혁명 시대의 강력한 도구를 보유하고 세계 최강의 국가로 군림하였으나 교통과 통신 기술 미발달에 따른 정보 수집 문제와 사회 시스템 문제로 스페인의 힘은 약화될 수밖에 없었다.

영국은 스페인 무적함대의 격퇴와 함께 유럽의 변방에서 중심으로 화려하게 등장한다. 섬나라인 영국은 땅이 척박하여 농지가 부족하였으며 목축업과 수산업 위주로 성장하였다. 스페인의 해상권을 물려받은 영국은 국력 소모가 많은 유럽 국가 간 경쟁은 최소화하고 식민지 정책을 강화하는 선택과 집중 전략을 펼쳤다.

영국은 힘이 약할 때는 철저하게 보호무역으로 자국 산업을 보호하고 힘이 강할 때는 자유무역을 추진하는 양립 전략을 사용하였다. 네덜란드의 동인도 회사 전략을 모방하여 영국 동인도 회사를 설립하고 향신료 무역을 시작하였다. 경쟁자였던 네덜란드, 프랑스를 인도에서 몰아내고 인도를 식민지로 점령하였다. 이후 인도는 영국의 무역거래 및 상품판매 시장이 되었다. 막대한 자금과 강력한 해군을 보유한 영국은 북아메리카, 아프리카, 인도, 오세아니아 등을 식민지로 정복하였다. 또한, 기계화 기반 제조업이라는 새로운 패러다임 창조하며 제3차 산업혁명 시대를 이끌었다.

제3차 산업혁명 시대
: 인간 노동 중심에서 기계의 시대로

제1차, 2차 사회혁명을 거치며 세계의 패러다임은 지역 중심에서 글로벌화, 농업과 단순 중개무역 중심에서 자국의 제조업 기반 글로벌 교역, 자국 제조업의 국제 경쟁력 강화를 위한 기술혁신과 금융 시스템, 특정 계층 중심에서 시민사회 등으로 급격한 변화를 겪게 된다. 제3차 산업혁명 시대는 이와 같은 다양한 변화를 겪으며 국가간 무한 경쟁 시대로 접어들게 된다.

그동안 대부분의 이론은 산업혁명을 제1차 증기기관, 제2차 전기, 제3차 인터넷을 통한 정보화 혁명으로 기술하고 있으나 필자는 제1차, 제2차로 나누어졌던 산업혁명을 제3차 산업혁명으로 분류하였다. 제3차 인터넷 혁명을 제4차 디지털 혁명 시대로 분류하고 디지털 혁명을 기반으로 기존 제도권 중심에서 공간과 시간을 넘어 사람대 사람의 상호 공동체를 형성하는 제5차 자율혁명 시대로 분류하고자 한다.

제1차 농업혁명 시대는 자연을 개간하거나 자연의 힘을 활용하는 시대로서 인류가 먹이사슬의 최상위에 올라서고 언어의 발전과 문자의 발명을 통한 정보화를 위한 기반 조성, 전쟁을 통한 문화 교류

범위의 확대 등 무에서 유를 창조하여 인류가 발전하기 위한 토대를 마련한 시대라 할 수 있다.

제2차 상업혁명 시대는 유럽을 중심으로 제조업 시대의 서막(이 당시 핵심 산업은 여전히 농업이었다), 전쟁 그리고 특정 계층의 권력 집중 시대였다. 강대국 간의 경쟁을 지양하고 국가 간 힘의 불균형을 이용하여 아프리카, 아시아, 아메리카 등을 식민지화하는 강제적 세계 글로벌화의 시대라 할 것 이다.

이 당시는 제3차 산업혁명의 연결고리로서 기술 중심의 사회, 기술혁신을 통한 경쟁 우위 확보, 농업과 단순 교역 중심에서 제조업으로 패러다임이 넘어가는 역할을 담당했다.

제3차 산업혁명 시대는 자연의 소극적 활용에서 적극적 활용, 기술 혁신으로 인간 노동력을 대체하는 기계화 시대의 도래, 아날로그 시대에서 디지털 시대로 전환되는 시기였다. 이 당시 세계는 도시화, 환경오염, 무차별적 지하자원 개발 및 활용, 자원 확보를 위한 전쟁 등 글로벌 개발과 경쟁의 아노미 시대라 할 수 있을 것이다.

3-1차 산업혁명 - 증기기관, 기계화 시대의 서막을 알리다

제1차 농업혁명과 제2차 상업혁명을 거치면서 인류는 농사, 전쟁, 이동을 위한 다양한 도구들을 개발하였다. 주된 동력원은 인간 노동력, 소, 말, 낙타 등 가축 활용, 바람, 물의 흐름 등 자연 에너지 등이었다. 기술의 발전과 사회의 필요에 따라 인위적으로 증기를 만들어 새로운 동력원으로 사용하는 증기기관이 산업에 활용되면서 인류는 소극적인 자연의 활용에서 적극적으로 자연을 활용하는 기계화 시대로 접어들게 된다.

기계화 시대의 선도적 역할을 한 국가는 영국이었다. 영국은 청교도혁명과 명예혁명을 거치며 왕권 중심에서 의회 중심으로 변화하였다. 봉건제가 해체되고 농민층과 귀족층 중간의 젠트리라는 계층이 나타나며 모직물 산업이 발전하게 된다. 또한, 영국은 석탄과 철광석이 풍부하였으며 농민들은 제1, 2차 인클로즈 운동을 거치며 농민들은 일자리를 잃게 되었다. 이들 농민들은 제조업의 활성화로 공장 근로자로 흡수되었다.

이 당시의 산업은 기본적 의식주 해결을 위한 모직, 농업 등 사람들의 생리적 욕구 해결을 위한 산업 위주였다. 이에 따라 지주농이 아닌 젠트리 계층은 목축업과 연계한 모직업에 종사하면서 자본을 축적하고 제임스 와트가 발명한 증기기관과 일자리를 잃은 농민들을 공장 근로자로 흡수하여 대량생산 체계를 갖추게 된다.

대량생산 체계는 경쟁 국가와 비교하여 높은 가격 경쟁력을 갖추었다. 강력한 식민지 정책을 통하여 식민지를 소비 시장과 원자재 시장으로 활용하게 되면서 세계의 약 25%를 영토로 하는 동시대의 세계 최강 국가가 되었다.

영국 중심의 제3-1차 산업혁명은 기술 혁신을 통한 기계화 시대를 열었다고 할 수 있다. 영국의 3대 핵심 혁신 기술은 증기기관을 활용하는 새로운 동력의 발명, 모직의 대량생산을 위한 직물기의 발명, 숯을 대체하는 강력한 화력의 석탄 기반 제철산업으로 볼 수 있다. 특히 증기기관은 영국 산업의 핵심이었던 모직과 제철산업을 혁신하며 대량생산 체계를 갖출 수 있도록 하였다.

농업은 사양산업이 되었으며 농민들이 도시로 대거 이주하고 석탄이 도시의 주된 에너지원이 되었다. 수용 한계를 넘은 도시는 주택 부족, 일자리 문제, 매연(환경문제), 기반시설 부족, 노동력 착취 등 도시화에 따른 다양한 문제가 발생하기 시작한다. 산업화를 통하여 자본을 축적한 신흥 부르주아 조직은 노동자 계층과 연대하여 선거권을 요구하며 정치적 중심 세력으로 부상한다.

기술 혁신과 산업화에 따른 부작용으로 국가는 다양한 사회 문제 해결을 위한 계획적 관리의 필요성, 인간이 수단이 아닌 목적으로 인정할 필요성 등을 인식하고 장시간 근로 제한, 아동 노동 제한 등 노동법 제정과 노동자 계층에 대한 선거권 부여 등 인간을 목적적 존재로 인정하기 시작한다.

다양한 도시문제 해결이 국가의 경쟁력을 좌우하며 국가가 존재해야 할 이유이자 역할이라는 것을 인식하게 된 것이다. 기술 혁신은 단순한 기계화를 의미하는 것이 아니라 정치, 경제, 사회, 문화 등의 혁신을 수반한다.

앞서 얘기한 바와 같이 당시 기술은 모직, 철강 등 일정 영역에 한정적이었다. 이는 당시의 산업 다양성이 부족하였다는 것을 설명한다. 그럼, 왜 산업 다양성이 부족하였을까? 대부분의 재원은 국가나 특정 계층에 집중되어 있었으며 노동자 계층은 항상 돈이 없어 상품 구매력을 가진 중산층이 취약하였다.

혁신적인 기술이 개발되었으나 구매력을 가진 중산층이 없었고, 대부분 지역 중심으로 살았기 때문에, 식량(농업), 의류, 주거(집, 난방 및 취사용 연료) 등 제한적 산업에 해당 기술을 적용할 수밖에 없었다.

역사적으로 혁신 기술의 발명 이후 상용화까지는 정치 · 경제 · 산업 · 사회적 기반의 조성을 위한 절대적 시간이 필요했다. 패러다임을 선점한 자가 세계를 지배한다. 그러나 패러다임을 선점하기 위해서는 제도적 기반 조성, 정치 · 경제 · 사회의 안정 등 기반이 잘 갖추어져야 한다. 그래야 패러다임을 창조, 적용, 선도할 수 있다. 혁신적인 기술 개발 이후 초기 시장을 만들고 새로운 신규 시장을 만들어 갈 수 있도록 산업 다양화에 노력하여야 할 것이다.

영국을 넘어 세계로

영국 중심의 산업화는 1851년 수정궁(Crystal Palace) 박람회 이후 독일, 프랑스, 미국 등 다양한 국가로 확산되며 전 세계를 산업화, 기계화 시대로 발전하는 계기가 되었다. 영국을 중심으로 시작된 증기기관은 세계로 퍼져 나갔으며 이를 기반으로 본격적으로 각국은 기술 우위 확보가 세계 시장을 선점할 수 있음을 인식하기 시작하면서 국가 간 글로벌 기술 경쟁이 시작된다.

기존 영국 독점 위주의 산업혁명 시대는 기술 발전이 더뎠으나 1851년 수정궁 박람회 이후 기술 간 공유를 통한 경쟁이 본격적으로 촉발되었다. 이와 같이 기술의 독점은 세계 발전을 더디게 하는 측면이 있었다. 정보의 독점을 지양하고 공유를 통하여 기술 발전을 가속화하는 것이 새로운 패러다임을 가진 미래사회를 여는 시발점이 될 것이라 생각한다.

기술 · 산업적 측면에서 영국 중심의 제3-1차 산업혁명 시대는 기계화 기술이 모직 산업과 철강 산업 등 대형 공장 중심의 고정된 공간에 적용되었지만 산업혁명 확산기의 기계화는 소형화된 내연기관이 개발되어 기차, 자동차 등 교통수단과 가정용 및 소규모 산업용 등 산업 전반에 적용되기 시작한다.

그동안 인류는 글로벌화를 지향해 왔으나 배를 제외한 대형 수송수단이 전무하여 글로벌화의 제약 요소가 되었다. 상품과 사람의 장거리 이동을 위한 유일한 수단은 배였으나 기술 혁명과 함께 인류는 땅 위에 선로를 설치하고 기차로 이동함으로써 본격적 글로벌 교통체계와 사람과 산업 간 정보 공유 체계를 갖추기 시작한다.

선진사회의 문화와 문물의 교류는 가속화되었으며 이를 기반으로 국가 간 기술 격차는 줄어들기 시작한다. 기술을 독점하였던 영국의 경쟁력은 약해지고, 새로운 기술을 받아들이고 빠르게 새로운 산업 분야에 적용하기 시작한 독일은 영국을 앞질러 세계 선도국가로 부상하였다. 하지만 뛰어난 기술력을 기반으로 경제력을 축적한 독일은 아이러니 하게도 1, 2차 세계대전을 일으키며 세계를 폐허로 만들고 말았다.

세계의 패러다임은 글로벌화, 기술의 시대, 산업의 다양성, 정보의 교류, 인간 중심의 시대, 평화의 시대 등 새로운 패러다임으로 변하고 있었다. 역설적으로 독일은 글로벌화, 기술의 시대, 산업 다양성의 패러다임은 이끌었으나 정보 교류, 인간 중심의 시대, 평화의 시대라는 새로운 패러다임이 아닌 전체주의라는 시대 역행의 패러다임에 몰두하였다. 독일의 패전과 함께 유럽의 경제 패권은 미국으로 넘어가게 된다.

글로벌화의 핵심은 정보와 문화의 교류를 통한 인간 존중과 세계의 균형 발전이다. 이를 위한 혁신적 기술은 교통과 통신 기술을 기반으로 한 인간을 위한 기술을 어떻게 활용하는가에 달렸다고 볼 수 있다.

3-2차 산업혁명 - 기계화 시대의 개화와 정보 시대의 서막

3-1차 산업혁명 이후 세계는 새로운 변화를 맞게 된다. 제1차, 2차 세계 대전으로 세계는 전대미문의 어려움을 겪었으나 전쟁은 역설적으로 과학기술의 진보라는 새로운 결과물을 만들어 내었다. 미국을 중심으로 개발된 전기는 일대 혁신을 가져오게 된다.

제2차 상업혁명 시대 선박 중심의 글로벌 교통 체계에서 증기기관의 발명으로 세계는 철도라는 새로운 글로벌 교통 체계를 갖추었다. 라이트 형제의 비행기 개발 이후 세계는 육 · 해 · 공을 아우르는 완벽한 교통 체계를 갖추고 세계를 대상으로 글로벌 국가 간 경쟁이 시작되었다.

자동차 산업의 발전은 개인들의 지역 간 이동을 증가시켰다. 이를 기반으로 개인 간 교류는 활성화되고 개인과 개인 간, 개인과 지역 간, 개인과 국가 간, 개인과 대륙 간, 개인과 세계 간 직접적 교류라는 전대미문의 글로벌화가 시작된다.

당시에는 증기기관차를 통한 물리적 이동 중심의 글로벌 이동 및 수송 체계였다. 전기의 발명과 함께 라디오, 텔레비전, 전화, 텔렉스, 전보 등 새로운 통신 체계가 세상에 등장하기 시작한다. 비록 음성이나 문자 위주의 정보교환 체계였으나 세계의 정보는 상상을 못할 정도로 빠르게 필요한 곳으로 이동하기 시작했다. 아날로그 중심의 일방향 정보 소통 체계였으나 그동안 세계에서는 상상도 못할 혁신적 발전이었다.

과거에는 정보를 얻고 소식을 전하기 위해서는 말이나 배를 타고 직접 이동을 하거나 해당 지역으로 이동하는 다른 사람을 통하여 편지를 적어 전달하였다. 통신 기술의 발전과 함께 사람들은 세계 곳곳의 정보를 거의 실시간으로 얻을 수 있게 되었다. 초기 통신 시스템은 기술력과 막대한 기반시설비를 투자할 수 있는 자금을 보유한 유럽과 미국 등 선진국이 주도하였다.

선진국은 정보의 공유를 통하여 산업 다양성을 높이고 지속적인 기술 혁신을 추진하였다. 이의 결과 선진국과 개발도상국의 기술 격차는 커질 수밖에 없었다. 유럽과 미국 등 선진국은 자신들이 영원히 세계를 이끌어 갈 수 있다고 믿고 있었을 것이다. 또한 선진국들은 해외 기술 유출과 후발 국가들의 신규 시장 진입을 막기 위하여 특허 제도를 만들고 기술 격차를 유지하려 하였을 것이다.

중세 봉건주의와 전체주의가 무너진 이후 민주주의와 자본주의 등 다양한 국가 제도가 도입되어 개인들에게 선거권이 주어졌다. 이에 대응하고 권력을 유지하기 위하여 기득권층은 매스미디어를 적극적으로 활용하였다.

당시 신문, 텔레비전, 라디오 등 매스미디어는 정보 생산자의 주관이 개입될 가능성이 높았다. 정치인 등 기득권 세력과 매스미디어 세력 간 밀월은 자신들의 이익을 위하여 정보의 왜곡과 독점 현상이 발생할 가능성이 매우 높은 구조였다. 권력층은 자신들의 권력 유지를 위하여 적극적으로 방송 통신을 활용하였을 것이다.

제4차 디지털 혁명 시대는 기존 텔레비전, 라디오 중심의 일방향 정보 전달 체계에 따른 정보의 독점과 왜곡을 최소화하도록 관 중심에서 민간 중심으로 일방향에서 쌍방향 소통으로 폐쇄적인 구조에서 개방형 구조로 바뀌어 가고 있다. 기자 등 내부 직원 고용을 통한 전문 정보원 체계에서 일반 시민들이 정보 생산자로 참여하는 참여형 정보 수집 체계로 변화하고 있다.

또한 글로벌화와 더불어 제3-2차 산업혁명 시대에 다루어야 할 키워드는 산업 다양성이다. 교통, 전기, 통신 등 사회 발전을 위한 근간이 되는 인프라 산업 기반 조성과 함께 인류는 원유에서 가솔린, 경유, 등유, 나프타 등을 추출하는 정유 산업과 석유에서 새로운 소재를 만드는 신소재 산업의 발전으로 산업 다양성은 가속화된다. 특히 철강, 군수 등 중화학 산업을 뛰어 넘어 인간의 생활에 필요한 다양한 상품들이 만들어져 사람들에게 공급되기 시작한다.

자동차 산업의 발전은 철강 및 석유화학 산업의 발달을 이끌었고, 석유화학 산업은 전통적인 경유, 휘발유 등 내연 기관의 연료 공급원일 뿐만 아니라 다양한 생활도구 및 산업용재의 원료로 활용됨으로써 인류의 산업은 폭발적으로 분화되기 시작한다.

세계는 원자재 공급, 원자재 가공을 통한 재료 산업, 재료들을 활용한 완제품 생산 등으로 세분화되고 일자리는 비약적으로 늘어났다. 일자리 증가와 함께 기업 간 경쟁에서 우위를 선점하고 가격경쟁력 확보를 위하여 기계화를 적극적으로 도입하게 된다. 소규모 내연기관의 등장과 전력 기술은 제3-1차 산업혁명 시대의 산업용 중심에서 가정용 즉 개인생활을 위한 상품 제조 등으로 확대됨으로써 산업 다양성을 이끄는 선도적인 역할을 담당하게 된다.

제3-2차 산업혁명 시대는 대량생산 대량소비 시대로서 에너지 집약 산업의 시대라 할 것이다. 지구 차원의 글로벌 자원 고갈, 환경오염, 황금주의, 인간성 상실, 소득 양극화 등 도시화에 따른 다양한 도시 문제와 지구적 문제를 후대에 넘겨주게 된다. 이 당시 미국은 세계의 대부분 자원을 독점적으로 소비하며 대량생산을 통하여 국내외에 공급하는 세계의 공장 역할을 담당하게 된다.

이에 따라 미국 내 사회 기반시설 건설은 확대되었으며 일자리는 증가하였으나 노동자 부족으로 인건비가 상승하게 되었다. 인건비 상승과 상품 수요의 증가는 그동안 경제성이 없었으나 과학기술의 발전, 수요 증가, 생산을 위한 기계 비용의 하락으로 기계화 시대로 전환될 수밖에 없는 시대적 상황이 형성되었다. 세계는 바야흐로 인간 노동 중심의 제조업 체계에서 완전한 기계화 체계로 전환되었다. 물론 개발도상국들은 예외였다.

지금까지 유럽, 미국 등 선진국들은 자국 이익을 최우선으로 하는 세계화를 지향하고 힘의 불균형을 이용하여 개발도상국을 철저하게 이용하였다. 미래사회는 정보의 실시간 소통을 통한 역균형 해소로 이와 같은 전략은 더 이상 통용되지 않을 것이다. 세계가 공존하고 국가나 민족 중심이 아니라 사람들 간 상호 연결되는 인간 중심의 글로벌 공동체 사회로 진화될 것이다.

대량생산 대량소비 공급자 중심 시대

제3차 산업혁명 시대는 기계화를 통한 대량생산으로 낮은 가격에 많은 소비자들에게 공급할 수 있는 체계가 만들어졌다. 세계는 가내수공업 중심에서 공장에서 대량생산하는 기계화기반 생산 체계로 변화되었다는 것을 의미한다. 소량, 주문 생산하는 가내수공업 체계에서는 비싼 가격과 공급 부족으로 서민들을 소비계층으로 끌어들이기는 한계가 있었다. 기계화 기반 대량생산 체계는 값싼 제품의 대량공급으로 노동자 계층의 서민들을 새로운 소비 집단으로 확보할 수 있게 하였다.

공급자 입장에서 새로운 소비 계층의 확보는 만들기만 하면 팔 수 있는 시장을 확보할 수 있다는 의미로 공급자 중심의 시대, 대량생산 대량소비의 시대가 시작된 것이다. 이 당시 기업 경쟁력은 대량생산을 통한 생산 효율화 및 가격 경쟁력, 생산을 위한 공장 용지 확보, 공장을 가동하기 위한 노동력 확보와 자본이 최대 경쟁 우위 요소였다.

기업들은 자신들의 이익을 극대화하기 위하여 초기에는 노동력 착취가 발생할 수밖에 없었다. 노동자 수요의 증가는 임금 상승을 지속시켰으며 노동자들을 새로운 소비계층으로 확보할 수 있었다. 기업들은 원자재, 노동력, 판매시장 확보 등을 위하여 개발도상국으로 공장을 이전하여 경쟁 우위를 확보하려고 노력하였다.

세계 국가들은 자국 산업 지원을 위하여 보험, 보증, 예금 등 금융 산업을 발전시키려고 노력하였다. 3차 산업혁명 시대의 패러다임은 글로벌화, 기계화를 통한 대량생산과 대량소비 사회, 분업화를 통한 효율성 증대, 산업 다양화, 규격화, 제조업, 자원 확보 등이었다.

하지만 공급자 중심의 시대, 국가 간 불균형, 공급 과잉, 지구적 환경오염, 자원고갈, 임금 상승, 인간성 상실, 황금만능주의, 기술의 일반화에 따른 경쟁 심화, 투입비용 증가, 도시화 문제 등 다양한 부작용이 나타나기 시작한다. 이와 같은 다양한 글로벌 이슈를 해결하는 것이 제4차 디지털 혁명의 패러다임일 것이다.

제4차 디지털 혁명 시대
: 화려한 비상, 아날로그에서 디지털로

자연을 효율적으로 이용하고 언어 발달과 더불어 문자가 만들어지면서 제1차 농업혁명 시대는 정보를 축적하여 정보화 시대로 발전하는 기반이 마련되었다. 또한, 과학기술의 발전으로 자연의 힘을 활용하여 기계를 동작시키고, 글로벌화를 위한 다양한 지식을 축적하여 지역 중심에서 글로벌화로 변화하는 제2차 상업혁명으로 이어졌다.

인류가 만든 새로운 동력원을 통하여 다양한 신산업을 만들고 라디오, 텔레비전, 전화 등 새로운 통신 수단을 통하여 글로벌 정보를 신속하게 획득할 수 있었다. 산업 다양화를 통하여 분야별로 다양한 정보를 축적하는 시대로서 기계화의 시대를 만든 제3차 산업혁명 시대를 거쳐 인류는 70만 년 만에 아날로그 시대에서 인간이 만든 새로운 가상 공간인 디지털 시대로 진입하게 된다.

인류는 그동안 무한한 정보를 축적해 왔으나 책자 형태의 정보는 도서 구입 비용 문제와 인간 학습량의 제한성으로 사람들은 각자 전문 분야에 집중할 수밖에 없었을 것이다. 디지털 혁명 시대는 1970년대 PC 보급과 1969년 인터넷 도입 및 1980년대 확산을 거치며 정보화 시대는 새로운 발전을 시작한다.

퍼스널 컴퓨터는 개인들의 디지털화 확산에 기여하였으며 인터넷은 세계의 퍼스널 컴퓨터들을 네트워킹으로 연결하여 전문가 시대에서 집단지성 시대로 전환하는 새로운 패러다임을 만들었다.

인터넷의 초창기는 채팅, E-Mail, 자료 전송 등 제한적 용도로 사용되었으나 퍼스널 컴퓨터의 발전과 확산, 자료의 디지털화 확대로 인터넷은 정보의 보고가 되었으며 전 세계 모든 인류가 이를 활용하고 있다. 초기는 인터넷과 퍼스널 컴퓨터 보급이 인간 생활 변화에 미칠 영향을 간과하고 있었으나 인류는 상상도 못할 정도로 변화되어 왔다. 정치, 경제 · 산업, 사회 · 문화, 개인 라이프 사이클 등에 막대한 영향을 미치며 현재도 진화 발전하고 있다.

인류는 제3차 산업혁명 시대까지 글로벌화를 완성하고 기계화 시대, 인간 중심 시대의 서막을 열었다. 세계는 제4차 디지털 혁명 시대와 함께 시공간을 뛰어넘는 글로벌화의 완성, 사이버 공간과 실제 공간의 융합 등 새로운 패러다임이 생겨나고 있다.

개별에서 통합, 융합과 정보의 시대

구분	전 화	컴퓨터	TV등 기타 디바이스
1단계	유선 전화 발명	컴퓨터의 발명	TV 발명
	유선전화 보급 및 확산	컴퓨터의 보급 및 확산	TV 보급 및 확산
2단계	이동전화 / 인터넷 전화 보급	인터넷 시대 (IP통신)	Navigation, Dica, PMP, MP3, 휴대용게임기 등 / 디지털 TV
3단계	다기능 이동전화 (디카, MP3, DMB 등) / 인터넷 전화 확산	유선기반 넷북 / 유선기반 노트북 / 유선기반 데스크탑	기기간 부분적 기능 융합 / 디지털 가전 시대 도래
4단계	무선기반 스마트폰	인터넷 시대 (IP통신)	Navigation, Dica, PMP, MP3, 휴대용게임기 등 / 디지털 TV
	인터넷 전화 확산		
	무선기반 전화 내장형 Tablet PC	유선기반 데스크탑	기기간 부분적 기능융합 / 디지털 가전 확산
5단계	무선기반 휴대용 데이터 및 음성과 기기 통합 디바이스		
		TV 기반 고정형 통합 기기(TV, 컴퓨터, 홈게이트웨이 등)	
방향성	· 유무선 교환기를 통한 음성통신은 쇠퇴하고 IP기반 데이터 통신장비를 통한 음성 및 데이터 통합 시대 도래 · 유무선 기반 데이터용 데스크탑 및 노트북은 쇠퇴하고 TV 등과 융합된 통합장비 시대 도래(TV + Computer + Home Gateway 등) · 미래 Paradigm => Real-Time = 스마트 네트워크, Convergence = All in One Device, Divergence = Mobility와 Fixing		

〈 통신 및 디바이스의 발전 〉

제3차 산업혁명 시대는 자동차, 비행기, 철도, 배 등 교통 수단과 텔레비전, 라디오, 전화, 전보, 우편 등 다양한 통신 수단을 기반으로 아날로그 시대의 글로벌화를 지향하였다.

제4차 디지털 혁명 시대는 퍼스널 컴퓨터, 인터넷 보급과 함께 디지털 시대를 개막하면서 인류의 사회문화적 진화 속도는 상상을 초월하게 되었다. 교통수단은 전통적인 내연 기관 등의 기술 발전으로 고속화, 대형화되었다. 디지털 기술을 활용하여 차량 장애 자동

진단, 고속에도 안전하게 움직이도록 안정성을 향상시키고 길 안내, TV, 라디오 등 다양한 기능을 추가하여 편의성을 향상시켰다.

전통적인 통신 수단은 디지털 기술을 도입하여 음질을 향상시키고 노이즈를 최소화했다. 또한, 쌍방향 통신, 실시간 정보 수집 및 제공, 이동형 기기의 확산, 분리된 통신수단의 통합, 정보의 불균형 해소, 정보 왜곡 현상의 최소화, 정보의 홍수 등 새로운 디지털 패러다임이 만들어지고 있다.

앞의 그림과 같이 컴퓨터, 전화, 텔레비전은 개별 목적별로 서로 다른 시대에 개발되었다. 이들은 내비게이션, 게임기, 라디오, 카메라, 우편, 음원 재생기 등 다양한 기기들과 어플리케이션들을 디지털 기술을 활용하여 컴퓨팅 및 네트워킹 기능이 탑재된 하나의 기기로 통합되고 있다. 즉 영역 간 파괴를 통한 통합형 제품으로 발전하고 있는 것이다. 또한 디지털 시대 초기의 기기들은 설치된 특정 공간에서만 사용할 수 있었으나 무선 기술의 발전으로 사람들이 이동을 하면서 사용하는 기기들로 진화되고 있다.

전화는 처음 발명된 이후 오랫동안 유선 전화망 위주였으나 사람들이 이동 중에도 사용하기를 원하는 니즈 증가로 모토롤라, 노키아 등은 이동통신 시대의 패러다임을 선점하며 세계 초일류 기업이 되었다. 2등 그룹이었던 삼성전자, LG전자는 모바일폰에 MP3, 디지털 카메라 등을 통합한 이동형 다기능 폰이라는 새로운 패러다임을 창조한다.

당시 2등 그룹이었던 한국 대표 기업들은 새로운 패러다임을 창조하며 1위 그룹으로 도약하였다. 상품에 있어 패러다임은 언제나 고정되어 있는 것이 아니라 소비자의 니즈를 뛰어 넘는 혁신적 제품을 개발한 기업들에 의해 새롭게 탄생한다.

소비자의 니즈는 이동성, 다기능성 기반 전화 기능에서 자유로운 데이터 통신 즉, 더 이상 전화가 아닌 컴퓨팅 기능과 이동 네트워킹 기능을 갖춘 이동형 컴퓨터를 요구하였다.

애플은 터치스크린, 사용하기 편한 OS (Operating System), 혁신적 디자인, Wifi 및 3G 통신 등의 네트워킹을 갖춘 스마트폰을 개발하였다. 스마트폰에 활용 가능한 다양한 프로그램 확보를 위하여 Application 개발자와 소비자를 상호 연결하는 AppStore(App 거래소)를 만들어 새로운 스마트 환경 생태계를 구축하였다. 혁신적 제3세대 이동통신 패러다임을 창조한 애플은 세계 스마트폰 시장을 이끌고 있다.

또한, 애플과 구글은 세계 스마트폰 시장의 OS를 양분하며 전화, TV, 컴퓨터의 경계를 허물어트렸다. 스마트폰과 동일한 OS 즉, One Management System으로 전화, TV, 컴퓨터를 통합하는 새로운 컴퓨팅 기반 통합 패러다임을 만들며 세계의 가장 혁신적 기업들로 자리매김하였다.

미래는 어떻게 될까? 자동차는 인공지능이 탑재된 자율 주행차(Self driving car)로 진화 발전하고 있다. 홈시스템은 센서, 네트워킹, 통합 관리 등을 통하여 가전제품 제어, 외부침입 실시간 감시, Home Entertainment, 에너지 관리 등 다양한 기능을 탑재한 스마트홈으로 진화 발전 중이다. 사람들은 Wearable Computing Device, 진단용 의료기기, 스마트 Device 등 다양한 기기를 활용하여 스마트피플화되어 가고 있다.

디지털 시대는 개별 전문화에서 정보를 기반으로 다양한 분야를 상호 통합 및 융합하는 새로운 패러다임을 탄생시켰다. 통합과 융합은 물리적 기기의 결합을 포함하여 정보, 업무, 계층, 국가, 지역, 산업 간 통합과 융합을 포함하는 새로운 패러다임이다. 디지털 시대의 핵심 키워드는 통합, 융합, 정보, 실시간 기술이라 할 수 있다.

융합은 **A + B = C** 로서 'A'와 'B'라는 상호 이질적 요소가 '+'라는 촉매(융합기술)를 활용하여 새로운 'C' 라는 영역을 만들어 내는 것을 의미한다. 'A'와 'B'는 교통과 환경, 학생과 교육, 사람(의료인, 환자, 보호자)과 의료 공간 등 다양한 요소가 융합 기술에 의해 상호 결합된다.

정보는 위의 'A'와 'B' 이질적 요소의 융합에 의해 발생하는 Data를 의미하며 정보통신기술은 이들 정보를 수집, 전달, 가공 및 표출을 위하여 적용되는 융합 기술을 의미한다. 4차 디지털 혁명 시대와 더불어 5차 자율혁명 시대에는 이와 같은 융합 분야를 선도하는 자가 세계를 선도할 것이다.

소비자 중심, 자동화, 다품종 소량생산

디지털 시대의 새로운 패러다임은 자동화, 소비자 중심 시대라 할 수 있을 것이다. 3차 산업혁명 시대가 사람이 기계를 활용하여 생산 효율성을 강화하여 경쟁력을 향상시키는 공급자 중심의 시대였다. 4차 디지털 혁명 시대는 디지털 및 로봇 기술을 활용하여 자동 생산하는 완전한 자동화 시대로 발전하였다.

인터넷 발달과 함께 소비자들은 공급자들이 제공하는 상품 정보를 세밀하게 비교 분석하여 공급자를 선택함에 따라 공급자간 경쟁이 시작되었다. 공급자들은 경쟁우위 확보를 위하여 소비자들을 다양한 계층으로 세그먼테이션하고 계층별 타겟팅 전략을 통하여 소비자 니즈를 만족시키는 제품 개발 및 마케팅을 추진하고 있다. 세계는 공급자 중심의 시대에서 소비자 중심의 시대로 패러다임이 완전히 이동하였다.

3차 산업혁명 시대는 공급자가 만들기만 하면 팔리는 공급자 중심의 시대였으므로 소비자의 니즈는 중요하지 않았다. 공급자는 상품 개발과 자신들에게 막대한 이익을 제공하는 노동자를 존중의 대상이 아니라 생산을 담당하는 단순한 기계 부품으로 생각하는 경향이 있었다. 즉 자신들이 생산한 제품을 소비하는 소비자로 생각하지 않았다.

산업화에 따른 노동력 부족은 임금 상승을 가져왔고 임금 상승은 새로운 소비 계층을 탄생시켰다. 4차 디지털 혁명과 함께 공급자들은 가격 경쟁력 확보를 위하여 중국, 인도 등 개발도상국으로 공장을 이전하였다. 자의든 타의든 공급자들의 해외 공장 이전은 개발도상국의 경제를 발전시켰으며 특히 중국의 경우 최대 수혜국이라 할 수 있을 것이다.

선진국 기업들의 중국으로 공장 이전은 중국 현지의 임금을 상승시켰으며 노동자들은 새로운 소비 계층으로 떠오르게 된다. 새로운 소비 계층이 등장하면서 단순히 외국 기업들의 생산 기지에서 13억의 소비자가 있는 거대 소비시장으로 변화하고 있다.

이와 함께 새로운 자국 기업들과 산업이 생겨났으며 연 10% 이상의 고속 성장을 하게 된다. 중국은 값싼 노동력을 활용한 저가 정책으로 전 세계에 상품을 공급하였다. 기존 고가 상품을 대체할 수 있는 초저가 상품의 등장은 개발도상국 국민들을 새로운 소비 시장으로 끌어 들일 수 있게 되었다.

인터넷과 소셜 미디어의 발달은 세계의 다양한 정보를 실시간으로 취득할 수 있게 됨에 따라 개인들의 취향은 다양화되었다. 기업들은 더 이상 소품종 전략으로는 경쟁 우위 확보가 불가능하게 되었다. 전통적인 대량생산 대량소비 패러다임은 구시대의 유물로 사라지고 다품종 소량생산 시대가 열렸다. 향후는 개인별 맞춤형 생산 시대로 진화할 수밖에 없을 것이다.

소비자 중심의 시대는 자동화를 촉발시켰다. 더 이상 대량생산을 위한 단순 기계화로는 공급자들이 경쟁력을 가질 수 없게 되었다. 공급자들은 디지털 기술, 로봇 기술, 네트워킹, 정보를 기반으로 인터넷, 검색 엔진, 뉴스, 매장 내 구매 정보 등 다양한 수단을 통하여 소비자 니즈를 정보화하고 상품 기획, 마케팅 등에 활용하고 있다. 또한 생산 자동화를 통하여 소비자 유형별 맞춤형 제품을 생산하고 있다.

디지털 혁명 시대 초기 단계에서 기업들은 다품종 소량생산은 가격 경쟁력 상실로 시장을 확보할 수 없을 뿐만 아니라 생산 자체가 불가능하다는 고정관념을 갖고 있었다. 점진적으로 다품종 소량생산 체계를 갖춘 경쟁자의 등장으로 새로운 패러다임에 적응하지 못한 전통적인 기업들은 사라졌다.

자동화기기를 활용하여 다품종 소량생산 체계를 갖춘 기업들은 세계 일류 기업으로 성장하게 된다. 이와 같이 인류는 글로벌화, 실시간, 쌍방향 소통, 자동화, 소비자 중심, 다품종 소량생산, 통합과 융합, 정보 중심 등의 디지털 혁명 시대의 새로운 패러다임에 적응하지 못한다면 치열한 경쟁에서 살아남을 수 없게 되었다.

정보의 무한 확장 재생산과 IoT(사물 인터넷)

3차 산업혁명 이후 대량생산 대량소비 사회를 거치며 산업화된 국가들의 농민 계층은 도시 근로자가 되었다. 이에 따라 도시화는 가속화되고 대규모 인구가 도시에 거주하게 된다. 도시는 물, 하수, 전기, 냉난방원, 취사 에너지, 오일 등 대규모 도시자원의 안정적 공급을 필요하게 되었다.

초기 도시로의 자원 공급 체계는 상수관 파열, 발전소 중단, 가스 폭발 등 다양한 대형 사고가 빈번히 발생하였다. 이를 해결하기 위하여 1980년대부터 디지털 기술 및 네트워킹 기술을 활용하여 발전소, 가스관, 댐, 송유관 등 지하 매설물이나 위험 시설물을 실시간으로 안정성을 감시하고 위험 발생 시 원격으로 제어하였다. 신속한 대응으로 피해를 최소화하고 사람들에게 안정적으로 도시 자원을 공급하기 위하여 SCADA(원격감시 제어 시스템, Supervisor Control And Data Acquisition)을 도입하였다.

SCADA 시스템은 사물(전력시설, 가스, 댐 등)에 네트워킹 기능을 갖춘 센서(IOT)를 설치하고 실시간 정보를 수집, 분석, 모니터링하는 IOT 체계이다. 현재 IOT와 동일한 개념이며 기술발전에 따라 센서, 통신망 등 기술적용 방식만 변화하고 있는 것이다.

도시화 초기 단계는 도시 자원의 안정적 공급이 최우선 정책이었으나 경제 발전과 자동차 기술의 발전으로 자동차 수는 기하급수적으로 증가하였으며 이는 상상도 못할 교통 체증을 유발하였다.

초기는 교통 트래픽의 증가량에 비례하여 도로 확장 등 물리적으로 대응하였다. 이와 같은 대응책으로는 공간적 제약성, 막대한 건설 자본 수반, 물리적 확장을 뛰어 넘는 자동차 수의 증가 등으로 한계성에 도달하게 된다.

이의 해결을 위하여 기존 도시 자원 관리에서 사용되었던 디지털 및 네트워킹 기술 기반 SCADA 시스템을 교통 문제 해결에 도입하여 지능형 교통 체계(ITS, Intelligent Transportation System)라는 새로운 분야를 만들어 소프트웨어적 해결 전략을 찾게 된다.

교통문제를 해결하는 가장 좋은 방법은 자동차 증가를 원천적으로 억제하는 방법이다. 현대사회에서 자동차는 필수품일 뿐만 아니라 산업 전반에 미치는 경제적 문제로 인하여 인위적 자동차 억제 정책을 적용하기는 어렵다.

자동차 등록 대수가 아닌 자동차 운행 대수 관점으로 패러다임 전환이 필요하다. 이의 주요 방법이 대중교통을 확대하는 것이다. 또한, 신호 정책 효율화, 도로 사용 효율성 강화, 도로 돌발상황 최소화, 운전자의 습관 개선 등 기존 도로의 자동차 처리 용량을 향상시키는 방법도 있을 것이다.

이와 같은 교통문제 해결 전략은 도시 자원 시설 관리에 사용되었던 SCADA 기술, 정보 분석 기술, 네트워킹 기술, 위치 정보 기술 등 다양한 ICT 기술을 활용할 필요가 있다. 대중교통 정보 제공, 실시간 신호 제어, 우회도로 안내, 내비게이션 기반 실시간 교통 정보, 주차장 정보 제공, 주정차 및 속도위반 단속 등 다양한 솔루션이 도시의 교통 문제 해결에 적용되고 있다.

이외에도 자동차 증가, 공장매연, 발전소 발전에 따른 환경오염 물질 배출, 미세먼지 등 다양한 환경 문제 해결을 위하여 실시간 대기 환경 감시, 수질 감시 등 환경 부문, 홍수 등에 따른 지하차도 침수, 하천 범람 등에 대응하기 위한 홍수 감시 등 재난 부문 등 다양한 분야로 확대 적용되고 있다.

도시의 생산 체계는 제3차 산업혁명 시대와 비교도 할 수 없을 정도로 빠르게 진화 발전한다. 기계화 시대의 단순 생산성 효율화 전략에서 소비자 니즈의 다변화에 대응하기 위하여 다품종 소량생산 체계를 기계에 의지할 수밖에 없게 되었다. 기계에 지능을 입혀 통합 운영 관리하는 자동화 시대가 된 것이다. 공장들은 공작기계 즉 제품을 생산하는 기계에 **PLC(Programmable Logical Controller)**를 장착하여 아날로그 기계를 디지털화하는 자동화 시스템 체계를 도입하였다.

또한 개별 자동화 공작 기계 또는 로봇들을 네트워킹으로 연결하여 통합 관리하는 통합 자동화 시대를 열었다. 제3차 산업혁명의 기계화 시대를 디지털 기술과 네트워킹 기술을 활용하여 똑똑하게 상호 연결함으로써 제4차 디지털 혁명 시대는 일정 부분 지능을 가진 자동 생산 즉, 자동화 시대가 도래한 것이다.

인류는 제3차 산업혁명 이후 급격한 도시화로 기반 시설 부족, 교통 문제, 환경 문제, 재난 문제 등 다양한 도시화 이슈를 겪게 된다. 제4차 디지털 혁명과 함께 디지털 및 네트워킹 기술은 고도로 발전하고 있다. 기반 시설, 교통, 환경, 재난, 생산 등 다양한 분야에 이들 기술 적용으로 통신망 수요는 기존 인터넷 접속 위주에서 새로운 사물에 대한 정보망으로 확대되게 된다.

이와 같은 사물들의 인터넷 수요가 증가하며 2,000년대 들어

IoT(사물통신, Internet Of Things)라는 신조어가 탄생하게 된다. 전술한 바와 같이 IoT는 기존에 없었던 개념이 아니라 1980년대부터 있었던 SCADA의 통신 수요가 증가함에 따라 만들어진 새로운 용어라 할 수 있다.

앞으로 IoT, 사물통신 시장은 어떻게 될까? 경제의 발전과 이동형 네트워킹 기술의 고도화와 함께 소비자들의 수요는 비실시간성 정보에서 실시간 정보 수요로 빠르게 이동할 것이다. 기존 수요처의 수요량 증가, 그 동안 사용하지 않았던 새로운 영역으로 수요 확대 등이 발생할 것이다. 즉, 모든 건물과 공간, 건물과 공간내 시설 심지어 웨어러블 컴퓨팅의 발전과 함께 사람 자체까지도 IoT 수요자가 될 것이다.

IoT 시대는 단순히 통신망의 양적 확대를 의미하는 것이 아니라 실시간 정보 기반 정보의 무한확장, 다양한 정보 기반 정보 분석과 정보 활용산업 등장, 실시간 기반 기존 산업 혁신, On-Line과 Off-Line의 결합을 통한 신산업 등 인류의 일상생활과 산업 전반에 혁신을 가져 올 것이다.

IOT는 새로운 정보를 양적 및 질적으로 확장하며 Big-Data가 고도로 활용되는 정보분석과 활용 시장을 열 것이다. 또한 Big-Data는 실시간 정보기반으로 과거에는 불가능했던 분석 로직 기술의 발달과 함께 기계가 지능을 갖춘 A · I시대를 펼칠 것이다. 이와 같이 IOT,

Big-data, A · I는 분리되어 있는 것이 아니라 하나로 연결되어 있다.

전술한 바와 같이 인류는 패러다임을 창조 · 선도 · 순응에 맞추지 못한다면 국가, 기업, 개인들은 혁신적인 기술 발전의 세상에서 살아남기 어려울 것이다.

물리적 연결을 넘어 실시간 정보 연결

제3차 산업혁명까지 인류는 아날로그 세계에서 공간적, 시간적 한계로 지역 간 인적 네트워킹을 통하여 상호 연결되는 아날로그 사회 속에서 생활을 하였다. 그러나 제4차 디지털 혁명으로 인류는 디지털과 인터넷이라는 0, 1의 이진법 체계와 네트워킹으로 세계가 하나로 묶여 상호 연계성을 가지며 강력한 정보 확산력을 가지는 시대로 진입하고 있다. 디지털 혁명의 초기 단계는 퍼스널 컴퓨터와 인터넷의 물리적 확대 측면에 중점을 두었으나 사이버 패러다임의 도래와 함께 인류를 네트워킹화하고 정보를 상호 교류하는 내용적 외연적 확장을 시작한다.

물리적 네트워킹 측면을 본다면, 초기 정보화 시대는 인터넷 연결을 위한 네트워크 장비 및 PC의 고가격 문제, 세계를 하나의 네트워크로 연결하기 위한 국가 간 모티베이션 결여, 네트워크 장비 및 인터넷 운영을 위한 기술자 부족, 느린 인터넷 속도, 퍼스널 컴퓨터 사용의 어려움, 사용 가능한 퍼스널 컴퓨터 응용 프로그램의 제한성 등 다양한 제약 사항이 있었다.

초기 정보화 시대의 패러다임은 이를 해결하는 것에 중점을 두었으며 닥터 제이콥슨은 인터넷 연결을 위한 통신 규약 즉, TCP/IP를 발명하였다. 시스코는 편리한 명령어 체계를 기반으로 네트워크 엔지니어를 육성할 수 있는 기반 조성과 인터넷 회선 속도 증대를 위한 하이엔드 장비의 개발 등으로 세계를 하나의 네트워크로 연결하는 물리적 인터넷 완성의 선봉장이 되었다.

MS(Microsoft)사는 사람들이 컴퓨터를 쉽게 사용할 수 있는 GUI 기반 운영체제와 EXCEL, Word 등 다양한 응용 프로그램을 개발하여 퍼스널 컴퓨터의 활용성과 접근성을 높였다. IBM, HP, Apple 등은 퍼스널 컴퓨터의 하드웨어적 성능 향상 등을 기반으로 다양한 응용 프로그램이 출현할 수 있는 기반을 조성하였다.

이후 인터넷과 퍼스널 컴퓨터의 확대와 함께 전자우편(E-Mail), 검색 브라우저 등 인터넷 사용을 위한 기본 프로그램이 개발되면서 인터넷의 확산 기반은 조성되었다. 그러나 이 당시까지의 인터넷은 채팅, 뉴스, 정보공유, 이메일 등 대부분 특정 지역 종속적으로 공유되는 1차 산업혁명기의 지역화 중심이었다고 할 수 있을 것이다.

인터넷은 물리적 기반 조성 이후 2, 3차 산업혁명의 패러다임인 글로벌로 진화하고 있다. 디지털 시대의 시작과 함께 성장한 IBM, HP, Apple, Microsoft, Cisco 등 기업들은 지금까지도 패러다임의 변화를 수용하면서 세계 초일류 기업으로 미국의 성장과 고용을 책임지고 있다. 여기서 패러다임을 읽고 패러다임을 창조하는 자가 세계를 지배한다는 사실을 다시 증명한다는 것을 알 수 있을 것이다.

〈 2017년 현재의 IBM Business Product 〉

물리적 네트워킹 완성 이후 인터넷은 글로벌화를 기반으로 세계를 하나로 연결하고 인간을 위한 인터넷이 되기 위해 진화한다. 현실 세계는 물리적, 공간적, 경제적 제약성에 따른 글로벌화의 제약,

새로운 휴먼 네트워킹 구축의 어려움, 실시간 정보 획득의 어려움, 특정 계층의 정보 왜곡 가능성 등의 한계성으로 실시간성, 세계의 단일 네트워크화, 인터넷을 대상으로 사업을 하는 다양한 ICT 기업의 등장과 함께 사이버 세상이 현실 세계를 대체하고 있다.

현실 세상에서 사람들은 인맥을 가장 중요시하나 새로운 인맥 특히, 글로벌 인맥을 만드는 것은 상당히 어려울 수밖에 없다. 새로운 사이버 세상은 Facebook, Twitter 등의 등장과 함께 인류를 인간 관계(Human Relationship)를 기반으로 글로벌 인맥 형성을 가능하게 하는 Social Networking Service를 시작한다.

스마트폰의 보급과 함께 이동을 하면서 소셜 미디어에 언제 어디서나 접속할 수 있게 되었다. 세상에서 벌어지는 일들은 글로벌 인맥들 간에 상호 연계되어 세계의 인류가 정보 수집원, 제공자, 수요자로 참여하는 새로운 글로벌 사이버 네트워킹 체계가 구축되었다.

소셜 미디어의 활성화는 전통적 뉴스(News) 제공 매체인 텔레비전, 라디오, 신문 등 언론 매체의 속보 기능을 빠르게 대체하고 있다. Facebook은 현실 세계의 인간 관계를 사이버 세상으로 옮기고 자신의 지인들의 인맥을 자신의 인맥으로 만드는 상호 연계성을 기반으로 가입자 확대 정책을 추진하였다.

2세대 소셜 미디어는 휴먼 네트워킹 관점을 벗어나 의사소통을 위한 E-Mail, 문자메시지, 전화, PC 기반 메신저 등의 전통적인 소통 수단의 문제점을 극복하기 위한 방향으로 전개된다. E-Mail은 실시간성이 떨어지며 무거운 매체의 성격을 가지나 랜카드의 Mac Address와 같이 전 세계에서 Unique ID를 가진다는 장점을 갖고 있었다. 문자 메시지는 즉시성과 편리성은 있었으나 대용량 데이터 전송이 불가하며 유료 서비스라는 단점을 갖고 있다.

전화 즉, Voice Call은 휴대전화 회사의 주요 수익원이므로 요금(유료 서비스) 문제를 갖고 있다. 메신저는 간편한 파일 전송, 실시간 의사소통 등 많은 장점 대비 가입자가 국가별로 분포하고 있어 지역성, 소규모 가입자, 메신저 간 상호 정보 공유 문제 등을 안고 있었다.

이에 따라 2세대 소셜 미디어는 E-Mail의 유일성(Unique ID), SMS의 실시간성, 무료 Voice Call, 무료 저용량 및 대용량 파일 전송 등 사용자 편의 기능을 메신저 기반으로 갖추고 사람들에게 서비스하고 있다. 메신저는 가입을 위한 Unique ID로 전화번호나 E-Mail을 활용하고, 메신저와 음성을 결합하였으며, 메신저 간 폐쇄성을 극복하기 위해 가입자 수 확대를 통한 글로벌 전략으로 해결하였다.

WhatsApp, Instagram, Line, 카카오톡 등 2세대 소셜 미디어는 1세대 소셜 미디어와 경쟁에서 살아남기 위해 지인들과 신속한 의사교환을 무기로 점진적 가입자 확대 정책을 추진했다.

특히, 대한민국 대표 메신저인 카카오톡의 경우 이미지, 영상 등의 멀티미디어 기술을 기반으로 여행, 맛집 등 다양한 자신들의 생활 속의 활동을 담은 사진이나 영상을 지인들에게 보여주며 상호 경험을 공유하는 것이 가능하다. 자신들의 생활을 남들에게 자랑하는 것을 좋아하는 인간의 감정을 이용한 Kakao Story 서비스, 현대인들 누구나 좋아하는 다양한 Mobile Game을 출시하며 인간 관계, 신속한 의사소통, 인간 본성 등을 통하여 대한민국 1등 소셜 미디어 기업이 되었다.

이후 인간 활동의 가장 중추적 역할이라고 할 수 있는 이동을 위한 필수 요소인 내비게이션 업체와 M&A를 하였다. 이후 카카오톡은 내비게이션, 택시 콜, 대리운전, 주차장 예약 등 다양한 생활 편의 서비스 형태로 진화하며 소셜 미디어를 뛰어넘어 On-Line(사이버 세상)과 Off-Line(현실 세상)을 결합한 새로운 정보산업 형태의 **Smart Life** 산업으로 진화하기 시작한다.

카카오톡 가입자 수는 2015년 기준 국내 3,800만 명, 해외 4,800만 명 수준으로 알려지고 있으며 Facebook 약 15억 명, WhatsApp 약 10억 명, Line 약 8억 명 수준으로 알려져 있다. 카카오톡은 2세대 소셜 미디어의 발전 취지인 메신저 간 폐쇄성 극복이 향후 과제일 것이다.

앞서 언급한 바와 같이 세계는 글로벌, 실시간이라는 패러다임을 갖고 있으나 카카오톡은 너무 대한민국 지향적이다. 우선 글로벌 인류 간 소통의 창이라는 대명제 속에서 소셜 미디어를 기반으로 SC(Social Commerce)로 넘어가는 전략이 바람직 할 것이다.

1세대 대표 소셜 미디어인 Facebook은 인간관계 중심으로 Global화를 추진했다. 2세대 소셜 미디어의 강력한 경쟁에 대응하기 위해 메신저 기능을 추가했으나 가입자 확산 한계와 차별성 문제가 부각되었다. 이의 해결을 위해 2014년 전격적으로 WhatsApp을 인수하며 휴먼네트워킹을 통한 Facebook과 메신저 기반 WhatsApp으로 이원화 전략을 추진하고 있다. 특히 WhatsApp은 이미 약 10억 명의 가입자를 확보함에 따라 소셜 미디어 중심에서 SC를 결합하는 형태로 발전하지 않을까 생각한다.

〈 주요 소셜 미디어 기업 〉

우리가 잊지 말아야 할 것은 1,2세대 소셜미디어의 공통점은 글로벌 네트워킹을 구축하여 세계인 간 교류를 목표로 한다는 것이다.

인류는 글로벌 네트워킹을 통하여 공간적, 시간적 범위와 제도권을 뛰어넘어 새로운 인류 자율 공동체 사회로 진입할 수 있을 것이다. 소셜미디어의 글로벌 네트워킹 구축방식을 손쉽게 한 것이 블록체인이라 할 수 있을 것이다. 블록체인에 대한 자세한 설명은 「미래사회 - 자율혁명 시대」 편에서 설명토록 하겠다.

정보 측면에서 본다면, 기존 아날로그 자료는 이미지화 기술의 발달과 함께 빠르게 디지털화하고 IoT 기술의 발달과 인터넷 확산에 따라 새로운 디지털 자료 생산 속도는 기하급수적으로 빨라진다.

인류의 탄생과 함께 시작된 기록 문화 유산 및 학문적 유산은 스캐너 등 정보통신 기기의 발달과 함께 점진적으로 자료를 디지털화하였다. 초기에는 디지털화 주체가 개별적 사용의 목적으로 추진하였으나 인터넷의 발달과 함께 인터넷을 통하여 정보의 공유가 활성화되기 시작한다. 정보 생산의 목적은 디지털 기술의 발달과 함께 기존 자료의 디지털화와 인터넷을 통한 상호 교류라 할 것이다.

또 다른 정보 생산은 IoT, 인터넷, 스마트 기기 등을 통해 새로운 디지털 자료가 생산되는 디지털화라 할 것이다. 인터넷 및 스마트 기술의 발전과 세계 경제의 양적 확장은 PC, 스마트폰, 스마트탭 등 스마트 기기를 사람들에게 제공했다. 이와 함께 인류 전체가 정보화 시대의 직접적 디지털 정보 생산자로 나서기 시작한다.

인류의 산업은 1, 2, 3차 산업 혁명기의 전통적인 산업의 다변화와 새로운 정보 신산업이 탄생되었다. 전통적인 산업은 ICT 기술을 활용하여 혁신적인 발전을 시작한다.

예를 들어, 금융 산업의 경우 은행을 직접 방문하여 금융 거래를 할 수 있었던 것을 네트워크, 인터넷, 디지털 기술의 발전과 함께 초기는 도시 곳곳에 설치된 ATM(Automatic Teller Machine), 즉 고정형 전용 기기를 통해 금융 거래가 가능하였다. 현재는 스마트폰, PC 등 다양한 스마트 기기를 활용하여 언제 어디서나 금융 거래를 할 수 있도록 발전했을 뿐만 아니라 신용카드를 통해 현금 없이도 물건을 구매할 수 있게 되었다.

특히 신용카드의 경우 통신 요금, 각종 정부 세금, 수도 · 전기 · 가스 등 다양한 공과금 납부에 사용되며 업무의 효율성을 높이고 있다. 금융 기업들은 개인들의 금융 거래를 데이터화하고 이를 활용하여 자사의 금융 상품 모델을 만들거나 지점의 축소 등 경영 전반에 활용하고 있다. 또한, 자영업, 유통업, 제조업 등 타 산업은 신용카드 거래 정보, 개인들의 금융 거래 방법 등의 통계 데이터를 경영 활동에 활용하고 있다.

스마트 기기의 발전과 함께 생성된 새로운 디지털 정보는 산업 간 및 개인 생활 등에도 상호 영향을 주며 새로운 디지털 정보를 빠르게 확대 재생산하고 있다. 세계 경제의 확장, 인터넷 및 디지털 기술의 발전은 개인들의 생활 영역을 글로벌로 넓혔다. 전 세계에 살고 있는 개인들은 자신들의 경험을 사진, 동영상 등의 매체로 디지털화하고 있다. 이를 여행 등 다양한 플랫폼(여행의 대표적 플랫폼 : TripAdvisor)과 소셜 미디어를 통하여 제공하면서 새로운 디지털 정보의 생산자로 활동하고 있다.

정부, 특정 계층 위주의 정보 생산 체계에서 디지털 시대는 전통적인 정보 생산 계층을 포함하여 기업, 일반 개인 등 다양한 계층까지도 정보 생산자 역할을 하고 있다.

세계는 디지털 혁명 시대의 도래와 함께 정보 공유 체계 구축과 디지털 정보 생산 체계를 단계별로 구축하면서 새로운 정보 시대를 열었다. 인류는 물리적, 공간적, 시간적 제약 사항을 갖고 있는 현실 세계를 벗어나 실시간 사이버 세상에서 스마트 기기를 활용하여 세계인과 소통하며 언제 어디서나 개인들이 필요한 정보를 얻을 수 있다. 산업들은 인터넷을 통해 기존 산업을 혁신하고 새로운 산업을 만들어가고 있다.

디지털과 산업 생태계 변화

제4차 디지털 혁명의 혁신적 패러다임은 글로벌, 네트워킹, 통합과 융합, 디지털 등의 키워드로 표현할 수 있을 것이다. 3차 산업혁명 시대까지 즉, 아날로그 시대까지는 국가 간 전쟁, 세계 전쟁, 냉전 시대 등을 거치며 물리적 글로벌화의 단계를 거쳐 왔다.

왕권과 특권층이 사라지고 **사람 자체가 존귀한 존재이다**라는 인간 중심의 사회로 변화되었다. 하지만 여전히 일반 시민들은 먹고 사는 문제, 안전에 대한 문제가 우선이었다. 이는 특정 계층에 부가 집중되었다는 것을 의미하며 산업 다양성이 나타날 사회적 제반 여건이 갖춰지지 않았다는 것을 의미한다.

3차 산업혁명기 동안 농업, 상업 중심에서 기계화 기반 제조업 시대의 도래로 농민들이 빠르게 공장 근로자 계층으로 전환되면서 새로운 소비 계층이 탄생하였다. 생산공장의 증가와 함께 노동 임금의 상승을 촉발하였다. 노동 임금의 상승은 탄탄한 소비력을 갖춘 중산층의 탄생을 가져 오게 되었다.

3차 산업혁명 초기 섬유, 식품 등 기초 소비재 중심에서 도시 인프라 건설을 위한 중화학 산업, 중산층의 니즈를 충족하는 새로운 소비재 산업의 탄생 등으로 산업은 세분화 되었다. 글로벌 교류의 한계로 미국, 유럽 등 선진국 중심으로 산업이 다변화되고 발전하였다.

앞에서 언급한 바와 같이 제4차 디지털 혁명 시대의 인류는 인터넷과 소셜 미디어를 통해 사이버 세상으로 상호 연결되어 실시간 정보 교류가 가능해졌다. 중국 IT 기업들의 저가 스마트폰 전략으로 그 동안 서비스 계층에서 제외되었던 개발도상국까지 보급 확대되었다. 실시간 정보 접근성 향상으로 개발도상국과 선진국 간 정보 격차는 상당히 축소되었다. 또한, 선진국의 임금 상승과 환경 관련 규제 강화로 선진국 기업들은 개발도상국으로 생산 공장을 이전하였다.

저개발 국가의 농민 계층은 선진국의 3차 산업혁명 시대와 함께 빠르게 공장 노동자 계층으로 흡수되었다. 새로운 소비 계층이 빠르게 증가하자 선진국의 생산 기지 역할만 했던 개발도상국은 내수를 기반으로 자국 산업이 발전하는 선순환 구조가 마련되었다.

이와 같이 정보 격차 해소와 중산층 즉, 신소비 계층의 출현과 정보 시대의 글로벌 패러다임 결합으로 세계 인구는 1970년 36.9억 명에서 2015년 약 73.2억 명으로 약 2배 증가했다. 글로벌 경제는 명목 WGDP는 1970년 약 3,400 bln USD에서 2015년 74,196 bln USD로 약 20배 이상 성장했다. 실질 WGDP는 1970년 15,771 bln USD에서 2015년 60,099 bln USD로 약 4배 성장하였다.

3차 산업혁명기까지는 경제 강국인 유럽과 미국 중심으로 성장했다. 4차 산업혁명기는 정보 산업을 선도하고 있는 미국 이외에 중국,

일본, 대한민국 등의 성장이 돋보인다. 개발도상국들의 WGDP 비중은 점진적으로 높아지고 있다.

세계의 산업은 중화학, 건설업, 필수 소비재 등의 공업 중심에서 ICT(Information Communication Technology) 기술 산업, 게임 · 음악 · 영화 · 콘텐츠 등 문화 산업, 의료 산업, 제약업, 관광 산업 등의 산업 분야 발전이 두드러졌다.

디지털 혁명 시대는 그동안 없던 신산업의 탄생, 산업 영역별 고유 기술의 개별적 고도화와 ICT 기술의 결합을 통한 혁신적 발전, ICT 기술을 활용한 유사 산업 영역 간 상호 연계를 통한 새로운 산업 생태계 탄생의 3가지 방향으로 발전하였다.

첫째, 디지털 혁명 시대는 네트워크, 인터넷, PC, 스마트 기기, 운영 체제(OS), 응용 프로그램, 소프트웨어 개발, 디지털 가전, IoT 기기, 반도체 등 첨단 ICT 신산업을 탄생시켰다. 이런 신산업들은 통신 서비스, 스마트폰 App 개발 및 서비스, 소셜 미디어 서비스, 포털 서비스, 포털 등을 통한 광고 서비스업 등 다양한 분야의 서비스 신산업을 파생시켰다. ICT 기반 신산업은 기존 건설업, 자동차, 의료, 출판, 유통 등의 산업을 혁신적으로 발전시켰다.

둘째, 제조업, 건설업, 서비스업, 바이오 산업 등이 ICT 기술을 활용하여 혁신적 발전을 시작하였다. 세계 경제는 대규모 자본을 필요로 하는 전력, 상수, 통신, 석유화학 플랜트, 철강 등 장치 산업을 제외하고는 공급자 중심에서 수요자 중심으로 빠르게 재편되고 있다.

대규모 장치 산업도 세계 경제의 발전과 경쟁 기업의 증가로 공급자가 가격을 결정하는 체계는 무너지고 있다. 2007년 세계 경제 위기와 함께 석유, 철광석, 구리 등 천연자원 수요 감소로 석유화학 플랜트, 철강 등 전통적인 장치 산업의 공급이 수요를 초과하여 경쟁력이 낮은 기업들은 대규모 구조 조정을 겪었거나 진행 중에 있다.

전통적인 산업들은 가격 및 품질 경쟁력 확보, 다품종 소량생산 등 수요자 니즈에 탄력적으로 대응하기 위해서는 디지털을 적극 활용해야 한다. 디지털 혁명 시대는 세계를 하나로 연결하고 선진국과 개발도상국의 정보 격차를 없애고 있으며 상품의 생명 주기를 단축하고 있다. 선진국 공장의 중국 이전은 인건비를 상승시켰으며 중국을 대체하는 생산지인 인도, 베트남, 멕시코 등의 인건비도 지속적으로 상승하고 있다. 더 이상 인건비 절감으로 가격 경쟁력을 확보하기는 어려워지고 있는 것이다.

디지털 혁명 시대는 자동화와 디지털을 통한 가격 경쟁력 확보로 패러다임이 전환될 것이다. 제조업의 경우 생산 방식과 상품의 혁신성이 이루어지는 단계이다. 생산 방식은 3차 제조업혁명까지의 단순 기계화에서 인간의 제어 영역은 줄어들고 자동화 기계들이 PLC, 네트워크 등을 통하여 지능화되고 통합적으로 관리되어 생산 효율을 높이는 방식으로 발전하였다.

기업들은 1인당 생산성, 판매 효율성, 국가별 규제 등을 종합적으로 고려하여 자국에 있거나 해외로 생산기지를 옮기는 경영전략을 펴왔다. 선진국의 해외 이전 활성화와 함께 개발도상국의 인건비 상승이 지속됨에 따라 더 이상 노동집약적 산업은 한계성이 나타났다. 대표적인 예로 중국은 인력 중심의 생산에서 자동화 체계로 빠르게 전환하고 있다.

앞에서 언급했듯이 자동화는 단순 생산 효율성 향상뿐만 아니라 다품종 소량생산의 디지털 혁명 시대 패러다임을 위해 필연적으로 진행할 수밖에 없다. 제조업 분야는 생산 방식의 혁신성 뿐만 아니라 제품 혁신성을 갖기 시작한다.

자동차의 경우 아날로그 시대의 주요 제품 기획은 엔진의 힘과 안정성, 속도, 안전성 등 자동차 본연의 기능 향상 위주의 혁신성을 추구했다. 원천 기술 발전의 한계성으로 디지털 기술을 활용한 자동차의 성능 향상, 운전자의 편의성 향상, 탄소 저감 등의 방향으로 기술 개발이 이루어지고 있다.

자동차는 기존에 지능이 없는 사물에서 사람들이 공간 속에서 이동하는 것을 지원하는 지능형 컴퓨팅으로 자동차의 패러다임이 전환되고 있다. 자동차의 모든 부품들은 전자기기에 의해서 관리되며 각 기기들은 ECU(Electronic Control Unit)에서 통합적으로 제어되고 있으며 장애 여부를 한눈에 파악할 수 있다.

또한 자동차는 스마트폰 App 또는 내비게이션을 통해 외부와 통신을 하며 외부 위험, 주변 지역, 주유소, 교통 소통 정보 등 다양한 정보를 수집하여 운전자에게 제공함으로써 편의성을 향상시키고 있다. 제3차 산업혁명 시기의 문제점으로 대두된 전 지구적 자원 고갈 및 환경오염 문제에 대응하기 위하여 연료원은 탄소 에너지 기반에서 전기 자동차 등 친환경 에너지로 전환되고 있다.

자동차의 전반적 발전 방향은 아날로그에서 디지털, 네트워킹을 통한 정보 공유 및 활용, 친환경 패러다임 등 디지털 혁명 시대의 패러다임으로 진화 발전하고 있다. 이와 같이 제조업은 자동화를 통한 소비자 니즈를 충족하는 생산방식 변화 및 생산효율성 향상, 소비자 니즈에 대응하기 위하여 ICT 기술을 결합한 상품 자체의 혁신, 제3차 제조업혁명 시기의 문제점 해결 방향으로 패러다임이 진행되고 있다.

건설 산업은 건설기술 혁신, 주택 및 빌딩 등의 건축물 혁신, 제3차 제조업혁명 시대의 문제점을 해결하는 방향으로 발전하고 있다. 그 이전까지 건설업은 사람이 손으로 설계하고, 시공 관리하며 일부 기계의 힘과 대부분 사람의 힘으로 건설하였다.

산업화는 도시로의 인구 유입을 가속화시켰고 산업단지 수요 증가, 광역 기반시설 및 내부 기반시설 부족, 주택 부족, 환경오염 증가, 범죄 등 다양한 도시 문제가 발생하였다. 이에 따라 건설 산업은 도시 건설 수요에 대응하는 물리적 건설사업 위주로 발전하였다. 경제 발전, 임금 상승, 도시화의 문제점 발생, 인터넷을 통한 다양한 정보의 취득으로 수요자의 눈높이가 높아짐에 따라 양적 확장에서 질적 향상으로 패러다임이 변하고 있다.

도시의 대형화, 입체화, 고층화 추세에 따라 인력 중심의 건설기술로는 한계에 도달하여 기계화 시공 중심으로 변화했다. 또한 건설 수요의 증가는 디지털 기술의 발전과 함께 컴퓨터를 활용한 설계로 완전히 변화되었다.

시공 중심이던 건설에서 계획, 설계, 시공, 사후 관리 등 데이터 기반 종합적 관리의 중요성이 대두됨에 따라 BIM (Building Information Modeling, 3차원 정보 모델을 기반으로 시설물의 생애 주기에 걸쳐 발생하는 모든 정보를 통합하여 활용이 가능하도록 시설물의 형상, 속성 등을 정보로 표현한 디지털 모형)등 신기술이 적용되기 시작한다.

상품 측면에서 보면 과거 아날로그 시대는 물리적 공간의 효율적 배치 위주였다. 디지털 시대는 에너지 사용량 최소화를 위한 제로 에너지 주택 건설, 신재생 에너지를 활용한 환경오염 최소화, 빗물을 효율적으로 활용하는 물 순환 시스템, 디지털을 통한 스마트 홈 및 스마트 단지(Complex), CCTV 및 센서 등을 통한 범죄 예방 등 다양한 지능형 상품을 제공하고 있다. 이와 같이 공급자 중심의 단순 공간 제공에서 디지털 기술과 네트워킹 기술 기반의 수요자 맞춤형 첨단 건설 상품 제공은 경쟁에서 살아남기 위한 시대적 흐름일 것이다.

디지털 혁명 시대를 제조업과 구분하여 서비스 산업의 시대라 할 수 있을 것이다. 경제 발전과 임금의 상승에 따른 중산층의 증가, 맞벌이 가정의 증가, 인터넷 및 디지털 기술의 발전은 문화, 미디어, 유통, 금융, 출판 등 다양한 서비스 산업에도 영향을 미쳤으며 전통적인 공간 중심의 틀을 깨었다.

유통업의 경우 소비자와 공급자의 접점(Channel Interface)는 농산품 거래는 전통시장, 전자제품은 전문 판매점, 서적은 서점 등 목적별 공간이었다. 정가제, 최저 가격제, 다양한 물품의 통합 판매, 거래 공간을 뛰어넘은 문화 공간, 품질에 대한 신뢰성 등을 갖춘 대형 마트의 등장은 초기에는 젊은 계층이 주 소비층이었으나 전 세대를 아우르는 유통 공간으로 자리매김하였다.

농산물 중심의 재래시장, 대형 마트 등에서 직접 만들어 파는 음식 업종 등은 심각한 타격을 입을 수밖에 없게 되었다. 대형 마트는 물품 공급업자를 연결하는 인터넷 기반 공급망 관리 시스템 구축, 판매 데이터 등의 분석을 통한 매장 자리 배치, 물품의 진열과 상품의 위탁 생산을 통한 자사 제품 판매, RFID 또는 Bar-Coder를 활용한 재고 관리 및 계산 시스템의 도입, 스마트폰 및 PC 기반 On-Line Marketing 시스템을 구축하여 소비자들의 접근성을 향상시켰다.

유통업의 변화는 여기에서 끝나는 것이 아니다. 기존 전통적인 공간 중심의 유통 산업의 틀을 깬 것은 TV 매체 기반 홈쇼핑이라 할 것이다. 홈쇼핑이 초창기 등장했을 때 대부분의 사람들은 제품에 대한 신뢰성 문제, 반품의 불편함 등의 사유로 성공 가능성을 높게 보지 않았을 것이다. 하지만 이제 홈쇼핑은 Off-Line 매장의 매출을 능가하고 있다. 그러나 홈쇼핑은 TV 매체의 특성상 해당 시간대 프로그램을 시청하는 소비자를 대상으로 상품을 판매하는 일방향 시스템이다. 반면 소비자들의 니즈는 내가 원하는 상품을 내가 원하는 시점에 구매할 수 있는 On-Line 쇼핑몰 체계 중심으로 빠르게 이동하고 있다.

우리가 여기서 주목할 점은 디지털 혁명 시대 패러다임의 제1원칙은 글로벌화 전략과 실시간성을 기반으로 이루어져야 한다는 것이다. 원칙적인 측면에서 재래시장, 대형 마트 등 특정 공간을 필요로 하는 판매 시스템은 전 세계에 별도 매장을 마련하여야 하므로 글로벌화 전략을 펼치기 어렵다. 홈쇼핑 역시 방송 시스템에 대한 국가별 규제로 글로벌화 전략을 추진하는 것은 어려울 수도 있을 것이다.

이에 따라 글로벌화와 실시간 패러다임 관점에서 On-Line 쇼핑, 즉 인터넷 전자상거래 중심으로 진행될 수밖에 없을 것이다. 또한 스마트폰 사용자의 증가에 따라 고정된 장소에서 사용하는 PC Web 기반 중심에서 이동 중에도 사용할 수 있는 스마트폰 체계의 Mobile 기반으로 빠르게 개편되고 있다.

세계적 글로벌 유통 회사인 아마존의 매스마켓은 창업 당시부터 On-Line 즉 인터넷을 통한 글로벌 대상이었다. 아마존은 미국을 기반으로 한 인터넷 전자상거래 기업이지만, 인터넷을 통한 정보 공유가 가능해짐에 따라 전 세계 소비자들이 해당 사이트를 통하여 상품을 구매하고 해외 배송으로 상품을 배달받고 있다.

또한 기존 공간 기반의 대형 마트들은 식품 등의 자체 브랜드 상품을 생산·판매하여 수익성을 높이고 있다. 하지만 아마존은 IT영역인 Cloud 서비스, 웹서비스, 전자책, 스마트 기기 제조 판매 등 다양한 디지털 영역으로 사업을 확장하고 있다.

여기서 우리는 대형 마트, 홈쇼핑, 인터넷 전자상거래 업체의 글로벌 전략을 살펴 볼 필요가 있다. 대형 마트는 해외에 직접 매장을 개설하여 기업 인지도를 높이고 Web 및 Mobile 기반 On-Line Shopping Mall을 통하여 실시간 접근성을 높이고 있다.

TV 홈쇼핑은 해외 유사 기업을 M&A 하거나 신규로 진출하여 기업 인지도를 향상시키고 Web 및 Mobile 기반 On-Line Shopping Mall을 통하여 일방향의 단점을 보완하고 실시간 접근성을 강화하고 있다.

인터넷 전자상거래 업체인 아마존은 기존 높은 인지도를 바탕으로 현지화 전략의 일환으로 아마존 재팬을 개설하여 반품의 어려움 및 높은 배송비의 문제점을 보완하며 글로벌과 실시간 전략을 펼치고 있다.

이와 같이 디지털 혁명 시대의 유통 산업은 현지 물품 공급망 구축 등 현지화 전략, Web 및 Mobile 기반 전자상거래 체계를 통한 실시간성 및 쌍방향성 확보, Big-Data 정보 분석을 통한 신속한 소비자 니즈 파악 및 반영 등을 갖추어야 할 것이다. 과거의 각 영역별 유통 업체들의 경쟁업체는 영역 내 기업 간 경쟁이었다. 향후 영역 내 경쟁을 통한 확장성의 한계에 도달했을 때는 각 영역 간 치열한 경쟁이 시작될 것이다.

스마트폰을 통한 인터넷 접근의 용이성, 스마트폰 이용자의 지속적 증가, 맞벌이 부부의 증가에 따른 시간 부족, 인터넷을 통한 다양한 상품 정보의 입수 등의 사회적 현상이 발생하고 있다. 향후 3대 유통 산업 영역의 최후의 승자는 지속적인 글로벌 확장이 가능하며 On-Line 소비자를 많이 확보한 기업이 글로벌 유통산업의 승자가 될 것으로 생각한다.

바이오 산업은 디지털 혁명 시대의 가장 혁신적 발전을 이룰 산업 분야 중 하나일 것이다. 과학기술의 발전에 따라 인류의 평균 수명은 약 80세이며, OECD 국가를 중심으로 고령화 추세는 더더욱 빨라지고 있다. 이탈리아, 일본 등 선진국은 65세 이상 인구가 20%이상인 초고령 사회로 근접하였다.

고령화 사회의 진입으로 노인 계층의 의료비는 급속하게 증가할 수밖에 없어 정부 차원의 복지비 지출이 증가하고 있다. 각국 정부는 앞 다퉈 미래 산업인 바이오 산업의 지원을 위해 기초 연구 분야에 막대한 비용을 투자하고 있다.

이중 ICT 기술을 활용하여 혁신적 기술 발전을 이룰 대표적인 분야는 생명공학 기술(BT, Bio Technology)와 ICT 기술의 융합 영역인 바이오 인포매틱스(Bio-informatics) 영역, 기존의 치료 영역, 예방 및 진단을 중요시하는 Healthcare 영역이라 할 수 있을 것이다. 바이오 인포매틱스는 컴퓨터를 이용해 각종 생명 정보를 처리하는 학문으로 방대한 생물의 유전자 정보를 분석하기 위한 학문이다. 이 분야는 1990년 미국, 영국, 프랑스, 일본 등 15개국이 약 4조원을 공동 투자하여 휴먼 게놈 프로젝트를 완료하였다.

이 프로젝트를 통하여 축적된 방대한 데이터베이스는 바이오 인포매틱스라는 새로운 학문을 탄생시킨다. 인간은 염기 1,000 ~ 수만개의 유전자가 약 10만개로 구성되어 있다. 인간의 유전병 등 다양한 병의 근본적 원인을 파악하기 위해서는 방대한 양의 Big-Data를 활용할 필요가 있다. 이외 활용을 위해서는 원인에 대한 가설 설정(생명 분야 전문 영역), 가설별 Simulation 및 정보 분석 즉 생명 정보 Big-Data 분석 기술(생명 분야와 ICT, 수학, 통계 등 융합 영역), 정보 분석을 위한 소프트웨어 및 컴퓨팅 기술 (ICT 전문영역) 등과 상호 연계하여 종합적으로 접근해야 할 것이다.

생명 정보 Big-Data를 통해 찾아낸 정보들은 제약회사의 신약 개발, Bio Chip 개발, 의료기기 개발, 의료정보산업 등 다양한 분야의 신산업을 만들어 낼 수 있을 것이다.

아직 인류의 생명과학 분야는 인간 게놈 프로젝트 이후 일부 생명체의 유전자 지도 정도만 완성하였다. 생명체에 대한 유전자 지도의 완성과 이들 간의 상호 관계, 이들을 통한 새로운 의약 물질의 발견 등 현재까지 인류가 알고 있는 것보다 모르는 부분이 훨씬 많으므로 미래 성장 가능성은 매우 높을 것이다.

과학기술의 진보와 함께 수많은 데이터의 축적은 이젠 인간의 두뇌만으로 이용하는 것에는 한계성에 도달하였다. 이들을 제대로 활용하기 위해서는 수학 및 통계 기반 분석 시스템 등 다양한 ICT 기술과 접목하여야 할 것이다.

또한, 인류는 인공 심장, 신장, 관절 등 인체의 장기를 만들어 사용하는 시대로 발전했다. 인공 장기는 IoT기술과 합쳐져 인공 장기의 동작 상태, 장애 여부 등을 실시간으로 파악하여 생명을 보호하도록 발전할 것이다. 생명과학 분야는 유전자 지도 및 방대한 의료데이터와 Big-Data 및 데이터 분석 기술(일부 인공지능기술)의 결합, 인공장기와 IoT 기술의 결합, 초음파, MRI, CT 등 의료기기와 영상 분석 및 Big-Data 기술의 결합, 다양한 생명과학 데이터와 정보산업의 결합 등 다양한 분야로 확대 발전할 것이다.

세 번째로 기존 산업은 상호간 단절되어 정해진 자신들의 영역 간 상호 경쟁 체계였다면 디지털 혁명 시대와 함께 각 산업간 상호 연관 관계 기반으로 연결된 새로운 산업 생태계가 만들어지고 있다. 그 예로 인간의 건강과 관련된 의료 산업을 보자.

전통적인 의료 산업은 사람들의 병을 진단하고 약을 처방하는 병원, 병원과 약국에 약을 공급하는 제약회사, 약을 조제하는 약국 등으로 비교적 단순하게 직접적 연관 관계가 있는 영역에 한하여 연결되어 있었다.

경제가 발전함에 따라 사람들은 배고픔을 해결하기 위한 먹고 사는 관점에서 건강하고 행복하게 살아가는 것을 중요하게 생각한다. 즉 과거에는 사람들이 병이 발생했을 때 치료의 수단으로 병원, 약국, 제약사를 활용했다면 디지털 혁명 시대는 인터넷을 통하여 다양한 건강 관련 정보를 입수할 수 있다. 또한, 건강에 대한 관심이 높아지면서 전통적인 치료기관 중심에서 먹거리, 운동, 위생, 건강식품, 정신치유 등 인간 생활과 관련된 다양한 영역으로 확대되고 있다.

디지털 혁명 시대의 의료산업 패러다임은 연계와 통합, 정보를 기반으로 이들을 상호 연결하는 플랫폼으로 정의할 수 있을 것이다. 의료산업은 치료 중심에서 건강관리 중심으로 프로세스 측면에서 예방, 치료, 치유로 확대되고 있으며 관련 산업 간 상호 연계, 통합 관점으로 의료산업 생태계는 재편되고 있다.

예방은 전통적인 의료산업의 영역이 아니었으나 경제의 발전과 함께 세계인의 육식 중심으로 식생활 변화, 경쟁에 따른 정신건강의 위협 증가 등으로 비만, 고혈압, 당뇨병, 정신병 등 다양한 질병이 증가하고 있어 중요성이 높아지고 있다.

디지털 혁명의 초창기까지 의료 정보는 의료인 간 정보 교류를 목적으로 전문용어를 사용하는 폐쇄적인 정보가 대부분이었다. 하지만, 인터넷과 소셜 미디어의 발달로 건강 관련 정보 생산자는 전통적인 치료 영역에만 집중했던 전문 의료인뿐만 아니라 건강에 관심 있는 다양한 사람들이 참여하여 일반인들이 쉽게 이해할 수 있는 용어로 다양한 정보를 제공하는 참여형, 쌍방형 정보 전달 체계로 발전하고 있다. 사람들은 인터넷에 접속하여 필요한 정보를 언제 어디서나 획득할 수 있다.

사람들의 건강관리 관심 영역은 운동, 안전한 먹거리, 위생, 건강보조제, 조리도구, 전자기기, 건강 관련 실내외 환경 조성, 힐링 공간, 건강검진 센터 및 건강진단 컨설팅, 전문병원 등 다양한 분야를 포함시키고 있다. 향후 ICT와 결합한 의료산업은 건강관리 산업으로 발전하여 유관 산업간 상호 연계될 수 있도록 소프트웨어적 플랫폼을 기반으로 정보를 통합 관리하고 사람들에게 다양한 건강 관련 정보를 제공하고 관련 상품을 거래할 수 있는 플랫폼 산업으로 발전할 것이다.

또 다른 디지털 혁명 시대 의료 패러다임은 실시간성이라 할 수 있을 것이다. 경제 발전과 고령화는 다양한 노인성 질병과 성인병 발생을 증가시키고 있다. 이와 같은 수요는 의료장비 기업, ICT 기업, 의료기관 등이 함께 참여하여 성인병 진단 Kit 기술과 스마트폰이 결합된 IoT 기기 개발, 실시간 질병 진단 AI 시스템, 의료기관이 종합적으로 사람들의 질병이나 건강을 관리하는 실시간 건강관리 산업으로 성장할 것이다. 이는 질병과 ICT의 결합, 사람과 ICT가 결합한 의료 IoT 또는 Wearable Computing과 의료 서비스의 만남이라 할 것이다.

이와 같이 디지털 혁명 시대에는 모든 산업 영역에 걸쳐 전통적 산업의 기존 패러다임은 깨어지고 관련 산업 간 연계 및 통합으로 개념과 프로세스가 확장되고 정보와 산업이 연계된 플랫폼 기반 산업으로 발전할 것이다. 실시간을 기반으로 수요자(사람)과 공급자(제조기업, 서비스 기업)을 상호 연계하는 공급자를 위한 비즈니스 구조에서 수요자 중심의 비즈니스 구조로 재편될 것이다.

제1, 2, 3차 산업혁명을 거치며 인류는 특정 계층 중심에서 인간 자체를 존중하는 **인간 중심**과 디지털 기술을 기반으로 새로운 형태의 산업으로 진화 발전하기 시작한다. 공급자 중심의 산업구조는 글로벌화, 디지털, 네트워킹, 연계와 통합, 플랫폼, 정보, 실시간 등 다양한 디지털 혁명 시대 패러다임과 융합하였다.

첫째, 디지털 혁명 시대는 제3차 산업혁명 시대의 게임, 영화, 공연 등 문화산업을 첨단기술과 결합한 디지털 문화 산업으로 발전시키고 있다. 컴퓨터, 인터넷 등의 문화 산업을 첨단 정보통신 산업이 세계 경제를 이끌고 있다. 특히 정보통신 산업은 다양한 기존 산업의 혁신적 발전을 위한 기반을 조성하였다.

둘째, 제조업, 건설업, 서비스업, 바이오 산업 등은 ICT 기술과 융합하여 생산성을 혁신하고 수요자 중심의 산업 구조로 바뀌기 시작한다. 제조업의 경우 단순 기계화 중심에서 자동화 체계로 전환되었다. 건설업은 도시화 문제를 해결하고 ICT 기술과 융합한 첨단 주택 건설과 건설 중심에서 운영관리 중심으로 발전하였다.

또한 서비스업은 전통적 공간 중심에서 인터넷 즉, 사이버 기반 글로벌 전략으로 바뀌고 있다. 바이오 산업은 생명공학과 Big-Data 등 ICT 기술과 융합하여 인류의 미래와 연계되어 미래 산업으로 발전할 것이다.

셋째, 산업 구조는 공급자 중심의 산업 간 단절된 경쟁 체계에서 산업간 상호 연계 통합하는 수요자 중심형 산업 생태계로 변하고 있다.

소유의 시대에서 글로벌 공유경제 시대로

인류는 원시공동체 사회를 벗어나 1차 농업혁명에 따른 생산성 향상으로 잉여생산물이 증가하고 전쟁으로 인한 계급사회가 등장함에 따라 공동생산 공동분배 체계에서 사유재산 중심으로 변화된다. 계급사회는 사람들을 정치, 경제를 장악한 귀족 계층, 생산을 담당하는 농민 계층 등 다양한 계층으로 구분하였다.

1차 농업혁명 시대는 귀족 계층이 생산에 필요한 토지의 대부분을 소유하고 농민 계층에 임대하여 생산물을 나누는 위탁 생산이나 귀족 계층의 소유물인 노비를 두고 생산을 시키고 모든 생산물을 자신이 소유하는 직접생산 체계가 세계적으로 통용되었다 할 것이다.

이 당시 노비들은 귀족 계층의 소유물에서 벗어나 자유를 갖고 자신들 소유의 토지를 갖고 싶어 하였을 것이다. 농민들은 자신들이 경작할 토지를 직접 소유하고 자신들의 노동 투입 결과물을 자신들의 것으로 하고 싶었을 것이다. 2차 상업혁명 시대는 글로벌을 대상으로 무역이 활성화되었으나 여전히 농업 중심이었으며 제한적으로 가내수공업이 활성화된다.

3차 산업혁명 시대는 농민들이 공장 근로자로 흡수되고 기업의 피고용인으로 월급을 받아 생활하게 된다. 급속한 도시화는 주택 부족으로 저임금 근로자는 주택을 빌려서 살아갈 수밖에 없게 된다. 이와 같이 사회의 대부분을 차지하는 농민, 피고용인 등 사회적 약자는 자신의 것을 갖고 싶어 하는 소유욕이 높아질 수밖에 없었을 것이다. 인간의 기본 본능은 렌탈 즉, 임대보다는 자신들이 살아가는데 필요한 것은 기본적으로 자신이 직접 소유하고 싶어한다. 그 다음 차선책으로 임대 제도를 선택할 것이다.

인류 사회는 디지털 혁명 시대 중기까지는 기술의 발달, 산업 패러다임 이동, 분업화의 증가, 인간 평등 및 인간중심 문화 등 사회 패러다임의 변화로 도시화는 가속화되고 새로운 일자리가 증가하며 직업의 종류는 세분화되었다. 제1, 2차 산업혁명 시대는 교통과 통신수단이 발달하지 않아 지역 간 교류는 활발하지 않았으며 공무원, 군인, 농민 등의 기본 직업 형태와 상인, 자영업자 등의 소수 직업이 위주였다.

제3차 제조업혁명 시대는 공급자 중심의 시대로서 제조업 발달로 공산품의 생산과 소비는 증가하고 새로운 일자리 창출과 임금의 상승을 이끌었으며 개인들의 생활수준은 상승하게 된다. 이와 같이 인간 생활은 점진적으로 가정, 일터, 지역 등으로 공간적으로 활동 범위가 넓어진다. 제4차 디지털 혁명 시대의 도래는 인간 생활권을 글로벌 단위로 확장하고 생산과 소비의 패러다임도 급격히 변화시킨다.

생산 주체인 기업들은 만들면 팔리는 시대에서 교통과 통신의 발달로 소비자 니즈에 선제적으로 대응하지 않으면 살아남을 수 없게 되었다. 이는 기업들의 소비자 니즈에 부응하는 제품 개발의 주기 즉 상품 Life Cycle은 점점 짧아지며, 생산 효율성 향상 등 기업 경쟁력 확보가 무엇보다 중요한 시대라는 것을 의미한다.

기업들은 자동화를 통한 생산성 향상, 적극적 외주업체 또는 위탁 생산(Outsourcing)을 확대하여 가격 경쟁력을 확보하고 소비자 니즈를 반영한 새로운 제품 개발과 기술 우위 확보를 위해 노력하고 있다. 디지털 혁명과 함께 시작된 글로벌화, 소비자 중심 시대, 기술의 급진적 발전 등의 패러다임 변화로 기업들은 소유와 직접 생산 중심에서 점진적으로 임대(Lease)와 위탁 생산(Outsourcing) 형태로 발전하고 있다.

또한 교통과 통신의 발달로 글로벌화 가속, 다양한 정보 매체 및 스마트폰을 통한 세계 문화 교류 활성화, 여성의 노동 참여 증가, 임금 상승에 따른 생활 수준의 상승은 사람들의 생활방식을 생산 중심 즉, 직업 또는 일 중심에서 음식, 문화, 여행 등 다양한 여가 생활 등 소비 중심, 인간 중심으로 변화시킨다.

사람들의 소비 증가로 새로운 서비스업이 만들어졌으며 이들은 새로운 직업을 탄생시켰다. 새로운 직업은 상업 공간을 탄생시키고 사람들은 이들 상업 공간에서 보내는 시간은 점진적으로 증가하게 된다.

가족 체계는 대가족 중심에서 1 ~ 2인 가정 또는 3 ~ 4인 가정의 소규모 가족 단위로 재편되고 있다. 자식들은 대학교를 가게 되면 가족과 떨어져 혼자 살기 시작한다. 이로 인해 가족을 위한 울타리 개념의 **집**이라는 가족 공간 중심에서 혼자 살기 위한 공간인 **방**으로 빠르게 바뀌고 있다.

대가족 중심에서 소가족 중심으로 빠르게 재편되면서 가족 중심의 공동체는 친구, 동호회 등 새로운 공동체로 옮겨가고 있다. 이들을 통하여 가정생활 중심에서 영화, 연극, 스포츠, 카페 등 다양한 문화생활로 활동 영역을 넓혀가고 있다.

또한 1970년 이후 2015년 기준 세계 인구는 약 2배 이상 증가하였으나 2007년 미국에서 시작된 세계 금융위기 이후 세계 경제는 성장의 한계에 직면한다. 자동화에 따른 새로운 일자리 생성의 한계로 중산층 붕괴와 경제적 어려움에 처하게 된 것이다.

이에 따라 인간 중심 문화의 등장, 인터넷, 스마트폰, 소셜 미디어 등을 통한 글로벌 및 실시간 문화교류, 기업 간 경쟁 심화에 따른 경영 효율성 강화, 가족 체계의 변화 등 다양한 사회적 요인으로 95만 년 이상 이어져 온 **소유** 중심의 인간의 본성은 빌려 쓰거나 함께 사용하는 **임대**에 익숙해져 새로운 **공유경제 산업** 탄생을 위한 기반이 마련된다.

인터넷, 스마트폰, 소셜 미디어 등의 기술 발전, 소득 불균형 등 경제적 어려움, 광역 교통의 발전, 글로벌화, 여행에 대한 수요 증가 등 사회 패러다임 변화는 필요한 시설, 상품, 서비스 등을 거래하거나 인터넷, 스마트폰 등을 활용하여 On-Line 기반으로 글로벌 체계를 구축하고 공급자와 수요자를 연결하는 플랫폼형 공유경제 산업이 활성화되고 있다.

공유경제 산업 유형은 수요자의 사용기간 및 공급자의 사업 방식과 이에 따른 거래 대상으로 구분할 수 있을 것이다. 수요자의 사용기간은 여행 등에 따른 숙박시설 임대 등 일시적 사용 유형과 경제적 부담 감소를 위한 사무실 공유 등 장기간 사용 유형으로 구분할 수 있다. 공급자의 사업 방식은 공급자와 수요자를 중개하는 정보 거래형과 실제 실물을 보유하고 사업을 하는 실물 거래형 등이 있다.

사업자는 자신들이 만든 사업 Business Model에 따라 이들 유형을 상호 조합하여 사업을 추진하고 있다. 대표적인 공유경제 거래 대상은 자동차, 자전거 등 이동수단, 숙박 및 생활을 위한 주택 등 주거시설, 업무 공간 공유를 위한 사무실, 소규모 생산 시설을 공동 사용하는 3D 프린팅, 전산 시스템을 임대하여 사용하는 클라우드 컴퓨팅, 통역 등 업무 지원을 위한 서비스 등 다양한 시설, 상품, 서비스 등의 분야가 될 수 있다.

디지털 혁명 시대의 공유경제형 Business Model은 **소유에서 임대로** 디지털 시대 패러다임 전환과 함께 글로벌, 정보, 실시간, 참여, 공유 등이 핵심 개념이다. 유형은 크게 2가지로 구분할 수 있다. 첫째는 수요자와 공급자를 연결하는 플랫폼형 정보 서비스 형태이다. 두번째는 공급자가 실물을 보유하고 수요자에게 시설, 공간, 서비스를 임대하는 기존 산업의 고도화 형태이다.

우선 플랫폼형 정보 서비스의 사례를 알아보자. 글로벌화와 세계경제의 발전으로 대표적인 사례는 해외여행이 있다. 해외여행은 사람들 간의 국가 간 교류를 활발하게 하고 있으며 숙박, 이동 등에 대한 수요가 증가하고 있다.

이들 수요에 맞춰 만들어진 대표적인 기업이 숙박 전문 중개기업인 **Airbnb**와 이동 전문 중개기업인 **Uber**라 할 수 있다. Airbnb는 집을 소유하고 있는 공급자와 숙박을 필요로 하는 수요자를 연결하는 PC와 스마트폰 기반 **On-Line 플랫폼**을 구축하였다. 플랫폼은 전 세계 공급자와 수요자 즉, **글로벌**로 연결하는 인터넷을 통하여 **실시간**으로 **정보**를 연결한다. 공급자의 프로필을 통하여 수요자가 1차로 공급자의 신뢰성을 파악하고 2차로 수요자가 후기와 평점을 통한 **참여**로 개별 공급자의 신뢰성을 평가할 수 있다. 이와 같이 Airbnb는 정보중개 플랫폼 기반 참여형 평가 체계로 디지털 시대의 숙박 전문 **공유**경제 체계를 만들었다.

이와 같이 Airbnb는 호텔, 모텔 등과 같은 숙박업소도 없으며 숙박업소 운영을 위한 프론트, 청소, Concierge 서비스 등을 위한 직원도 없이 25개 이상의 언어로 서비스를 하고 있다. 현재 Airbnb는 191

개 이상의 국가에 3.4만 명 이상의 도시에 진출하여 6천만 명 이상이 Airbnb 플랫폼을 이용하여 숙박 문제를 해결하고 있다. 현재 기업가치는 300억 달러 이상으로 추정되고 있다.

Airbnb는 전문 숙박업소가 아닌 개인들이 보유한 집을 대상으로 공급자와 소비자를 연결하는 On-Line 플랫폼 기반 비즈니스이다. 현재 기존 상업 숙박업소에게 부과되고 있는 세금과 관련 규정 문제 등으로 기존 제도권과 대립하고 있다.

뉴욕시의 경우 2013년에 Airbnb를 통하여 숙박을 제공한 집주인에게 세금 납부 관련 소환장을 배포하였으나 Airbnb가 세금을 대신 납부하기로 결정한 사례가 있기도 하였다. Airbnb는 호텔 등 전문 숙박업소와 다르므로 동일한 규정을 적용하기는 어렵다는 논리를 펼치고 있으나 이에 대한 정부 차원의 명확한 규정을 마련할 필요가 있다.

〈 Airbnb Global Business 구조도 〉

공유경제는 세금, 안전, 위험에 대한 보험 등 다양한 제도적 규정이 빨리 만들어져야 공유경제 발전의 기반이 마련될 것이다.

또 다른 공유경제의 축은 사람들의 이동을 책임지는 자가용 기반 택시 서비스인 **Uber**이다.

Uber는 Airbnb와 유사한 Business 구조이나 대상만 다르다 할 수 있다. Airbnb 사업구조에 Uber를 대입해 본다면 Uber는 차량을 보유한 운전자인 공급자와 다른 위치로 이동을 필요로 하는 수요자를 연결하는 PC와 스마트폰 기반 On-Line 플랫폼을 구축하였다. 전 세계 공급자와 수요자는 이 플랫폼을 통하여 상호 연결된다.

인터넷을 통하여 실시간으로 정보를 연결하며 수요자의 사용 후기를 평점이라는 참여 방식으로 개별 공급자의 신뢰성을 평가할 수 있도록 하였다.

Uber는 On-Line 플랫폼을 통하여 수요자와 공급자를 상호 연계한다. 가입 시 등록된 신용카드를 통하여 요금이 자동 결제되며 운전자에게 돈을 지불하지 않는 통합 프로세스를 구축하였다.

수익 체계는 플랫폼 업체인 Uber가 20%를 수수료로 가져가고 나머지 80%는 공급자에게 제공된다. 또한 탄력적 요금 체계를 적용하여 날씨, 시간, 요일 등에 따라 차등적 가격이 책정되는 경제학의 수요와 공급 법칙을 적용하였다. 또한 자신들이 차량과 운전자를 보유하고 있지 않지만 고급 콜택시 서비스 수요자를 위하여 **Uber Black**

서비스 체계를 마련하였다. 이 서비스는 일반 운전자들이 참여하는 서비스인 **UberX**와 차별화되며 요금은 2배 이상으로 책정되고 있다. 대한민국의 경우 현재 Uber-X만 운영되고 있다.

Uber의 2017년 기준 자산 가치는 약 680억 달러(77조원)이며 현재 세계 최고의 가치 있는 스타트업 기업으로 인정받고 있다. Uber는 기존 공유경제 체계 외에도 Big-Data 분석 등을 활용한 과학적인 수요자의 이용 패턴 분석, 경제학의 경영 기법, 대기 시간, 요금 문제, 서비스 등 기존 택시의 문제점을 해결하는 서비스 개선 등 타 스타트업과 차별화되는 특성을 보이고 있다.

Uber 역시 상업용이 아닌 자가용을 새로운 택시 운송 수단으로 도입하였다. 세금과 안전 규정의 준수 여부 등이 기존 택시의 규정과 동일하게 적용하여야 한다는 기존 운수업자들의 논리와 부딪치고 있다.

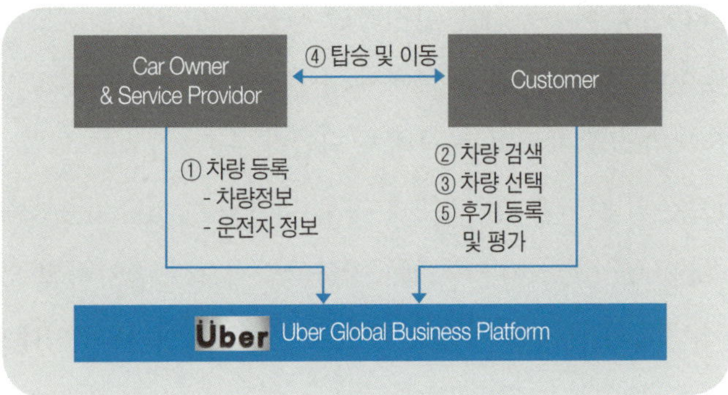

〈 Uber Global Business Structure 구조도 〉

앞으로 플랫폼 기반 정보 서비스형 공유경제는 세금, 관련규정 준수 등과 관련된 문제로 기존 제도권과 치열한 싸움을 할 수밖에 없을 것이며 점진적으로 제도는 정비될 것이다.

지금까지는 On-Line기반 혁신성 Business 모델에 대하여 알아보았다.

다음은 시설, 공간, 서비스를 제공하는 기존 산업의 고도화 영역으로 대표적인 서비스는 **Cloud Computing**이라 할 수 있다.

디지털 혁명 시대와 함께 발전한 Computing Device는 공장에서 제작되어 판매되는 기성품임에도 불구하고 다른 상품에 비해 상당한 고가를 유지하고 있다. 또한 반도체 메모리 용량이 1년마다 2배씩 증가할 정도로 정보통신 분야의 기술 발전 속도는 상상을 초월하여 빠르게 발전하고 있다. 선진국, 개발도상국 구분 없이 경제 발전과 함께 Computing Device의 수요는 급증하고 있다.

과거의 경우 이동통신은 선진국만 사용할 수 있었다 해도 과언이 아닐 것이다. 현재는 전 세계에서 유선전화를 거치지 않고 바로 스마트폰 서비스를 제공하는 시대가 되었다.

스마트폰의 보급은 전 세계의 정보 격차를 줄였으며 전 세계적으로 Computing Device의 수요는 기하급수적으로 증가하고 있다. 이와 같이 수요의 급증과 기술의 급진적 진보는 **소유**에서 **임대**로 패러다임을 전환시키고 있다. 자신들이 소유하지 않고 공급자가 서버,

소프트웨어, 전력 시설, 공조 시설 등 전산 시스템실과 같은 관련 시설을 설치하고 **소유**를 하지 않고 **임대**를 원하는 수요자에게 서비스하는 **Cloud Computing** 서비스 시대가 도래하고 있다.

이와 같이 Cloud Computing은 기술의 혁신이라기보다는 **임대**로 패러다임이 전환되는 과정에서 새로운 산업이 만들어지는 자연스러운 현상이라 할 수 있을 것이다. 수요자는 임대를 함으로써 전산실 운영을 위한 공간, 전산실 운영 인력, 새로운 기술의 발전에 대처 등 다양한 경제적 이점을 얻을 수 있다.

또 다른 사례는 **카 쉐어링(Car Sharing)**을 들 수 있을 것이다. 카 쉐어링은 공급자가 직접 차량을 구매하고 자신들이 만든 스마트폰 기반 플랫폼을 통하여 수요자와 공급자를 연결하며 시간 단위로 요금을 부가하는 서비스이다. **Uber**와 차이점은 공급자가 플랫폼과 실물을 모두 소유하고 있다는 것이다.

기존 렌터카 체계와 차이점은 1일 단위 임대 체계가 아니라 1시간 단위 과금 체계라는 것이다. 시간 단위 과금 체계는 낭비되는 시간을 최소화하고 가동률을 높여 공급자와 수요자 모두에게 경제적 이익을 제공할 수 있다는 것이다.

이와 같은 형태는 2011년 기준 60여 개국 1,000여 도시에서 개별 사업자들이 서비스를 추진하고 있다. 카 쉐어링은 1일 이상의 단위로 요금이 부가되는 기존 렌터카 산업을 변형한 형태로서 향후 렌터카 업체들이 발전해야 할 방향일 것이다. 다만 글로벌 렌터카 업체인 Hertz 이외의 중소업체들의 경우 항공사, 선박 운송회사들의 글로벌 Alliance와 같이 소규모 업체 간 글로벌 연맹체를 구축하여 카 쉐어링을 통한 새로운 공유경제를 만들어 가는 것도 가능할 것이다.

사이버와 현실 세상을 연결하는 O2O Business

Online to Offline(O2O)는 연구개발, 조달, 생산, 마케팅(광고 선전, 유통, 확장), 사후 관리 등 다양한 프로세스로 구성된 Business에 Online(사이버 세계)과 Offline(현실 세계)을 하나로 연결하고 최적의 Business Solution을 찾아가는 과정이라 할 수 있을 것이다. 단순히 사이버와 현실 세상을 연결하는 기술적 관점이 아니라 비즈니스 기획에서 제품 판매를 아우르는 하나의 시스템에서 기술과 정보를 활용하여 사업의 성공을 높이기 위한 일련의 경영 전략이라 할 수 있다.

디지털 혁명 시대의 새로운 패러다임은 글로벌, 정보, 디지털, 실시간, 플랫폼, 통합과 연계, 소비자 중심 등 몇 가지 Key Word로 정의할 수 있다. 디지털 혁명 시대 O2O 비즈니스는 전통적인 Business와 새로운 패러다임이 결합하여 나타나는 기존 Business의 혁신과 새로운 패러다임에 적합한 새로운 Business로 나타나는 플랫폼 기반 ICT형 New Business로 구분할 수 있다.

우선 O2O Business를 이해하기 위해 **ICT**와 **Non-ICT** 분야를 구분하여 이해할 필요가 있다. 디지털 혁명은 인터넷의 근간을 이룬 Cisco 등 네트워킹 기업, 퍼스널 컴퓨터를 확산시킨 IBM, HP, Apple 등 스마트 기기 기업, Microsoft 등 PC를 사용하기 위해 필요한 운영체제 및 응용 어플리케이션 기업, 정보를 생산하고 관리하기 위한 Oracle 등 Database 기업 등 ICT 관련 신산업을 만들었다.

이들 신산업들은 기존 제조업, 서비스업 등 다양한 산업 전반의 혁신을 이끌고 있다. ICT 분야는 Non-ICT 기업들에게 기술을 판매하며 성장하는 기업과 산업이다. Non-ICT 분야는 ICT 기업의 기술을 활용하여 전통적인 산업 영역을 혁신 발전시키는 기업과 산업이라 정의할 수 있다. 이는 단순하고 당연한 정의지만 대부분의 사람들은 머리로는 이해하지만 실제로는 적용 과정에서 많이 헷갈려 한다.

예를 들어, 건설 산업의 경우 BIM, GIS 등 다양한 ICT 기술을 적용하고 있다. 그러나 이때 적용되는 전통적인 ICT 분야는 서버, 네트워크, 프로그램 등 일상적인 전산 프로그램이며 그 핵심은 건물 생애 주기 관리에 필요한 설계, 건설, 운영 전반에 이르는 건설사업 프로세스이다. 하지만 ICT 관련 용어들과 프로그램들이 적용되어 있어 전통적인 건설 전문가 입장에서는 ICT 기술과 용어들이 많이 사용되고 있고 ICT 전문가들이 이들을 구현하므로 이들을 ICT 업무로 분류하는 경우가 많다.

실제로 **ICT**와 **Non-ICT** 영역을 구분하기 힘든 이유는 ICT를 전공하지 않은 사람들의 ICT에 대한 두려움 때문이라 할 수 있다. 또 다른 사례를 보자. 게임 산업은 ICT 산업으로 분류해야 할까, 문화 콘텐츠 산업으로 분류해야 할까? 이들은 모두 컴퓨터와 디지털로 만들어져 컴퓨터나 스마트폰 등 스마트 기기로 사람들에게 서비스된다. 그렇다면, 이들은 ICT 산업인가? 문화 콘텐츠 산업인가?

대한민국의 경우 문화 콘텐츠 산업은 문화체육관광부 소속으로 되어 있다. 이들은 디지털 혁명 시대에 디지털과 인터넷, 퍼스널 컴퓨터의 보급과 함께 탄생한 새로운 산업 영역이라 할 수 있을 것이다. 아날로그 시대에 존재하지 않았던 새로운 디지털 게임의 탄생이라 할 수 있고 종사자 역시 컴퓨터 프로그래밍 분야, 웹디자이너, 게임 기획가 등 디지털 전문가에 의해 탄생된다.

이들은 전통적인 문화 콘텐츠 산업인지 ICT 산업인지를 판단해 보자. ICT 분야의 활용도는 경쟁 수준, 사람들 Mind의 유연성 등에 따라 결정된다. 이에 따라 제조업보다는 서비스 산업이, 대규모 장치 산업보다는 고객들의 니즈 중심적인 제조업 등이 상대적으로 ICT 기술을 받아들여 산업을 혁신하는 수준이 높다고 할 수 있다.

먼저 전통적인 Business에 새로운 패러다임을 결합하여 나타나는 기존 Business의 혁신형 O2O Business에 대하여 알아보자. 디지털 혁명 시대의 도래와 함께 아날로그 시대는 디지털 시대로, 공급자 중심의 시대에서 수요자 중심의 시대로 완전히 패러다임이 전환됨에 따라 기존 산업의 경쟁은 치열해졌다.

전통적인 기업 체계에서는 상품을 시작부터 끝까지 직접 모든 것을 제공하였다. 디지털 혁명과 함께 기업들은 경쟁력 확보를 위하여 비즈니스 프로세스별(연구개발, 조달, 생산, 마케팅, 판매, 유지관리 등) 비교 우위 중심으로 사업 구조를 재편하고 있다. 또한 상품 측면에서도 단일 기능에서 복합 기능 또는 다기능으로 상품을 기획하고 있다. 이에 따라 기존의 분류 체계상으로는 경쟁사가 아니었으나 디지털 경제에서는 전혀 상관없었던 영역에서도 새로운 경쟁자가 나타남으로써 기업 간, 산업 간 경쟁이 발생할 수밖에 없다.

예를 들어, 기존 패러다임 체계에서는 내비게이션, MP3, 디지털 카메라, 핸드폰, 컴퓨터, TV 등의 개별 제품들은 경쟁 대상이 아니었다. 다기능화 전략에 따라 실시간 이동형 전화기와 데이터 기기로 포지셔닝한 스마트폰 등 통합형 기기의 등장으로 MP3, 내비게이션, 컴퓨터 등 전통적 영역의 시장이 축소되거나 부품 시장으로 변화하고 있다.

또한, 가전제품 회사는 제품의 개발, 생산, 판매 등 통합형 사업체계에서 글로벌화 전략에 따라 직접 판매는 지양하고 생산과 마케팅 중심으로 전환하고 판매는 유통 전문 기업에게 시장을 넘겨주고 있다. 이와 같이 기업 간, 산업 간 경쟁 심화는 ICT 기술과 Business를 상호 연계하여야만 경쟁에서 살아남게 하고 있다. 앞서 말한 바와 같이 경쟁이 치열하고 상대적으로 수요자와 직접적 영향이 많은 분야는 ICT 기술과 상호 연계한 사업화 전략 도입으로 혁신화를 빠르게 진행하고 있다.

화장품의 경우 세계적으로 가장 경쟁이 치열한 분야 중 하나라 할 수 있다. Online 쇼핑, Drugstore, 전용 판매점, 방문 판매 등의 유형과 각 유형별로 지역과 판매자 등으로 다양하게 나타나고 있으며 각자의 사활을 걸고 생산업자와 판매업자들은 치열한 경쟁을 하고 있다.

과거의 소비자들은 인근 시장에서 판매하는 가격으로 구매할 수 밖에 없었다. 현대(미래)의 소비자는 화장품 기업과 제품의 증가, On-Off Line을 넘나드는 다양한 정보의 증가로 소비자들은 행복한 고민을 넘어 **햄릿 증후군**이라는 새로운 선택의 문제를 의미하는 신조어까지 탄생하게 되었다.

생산자 및 판매자는 가격은 기본이며 소비자들이 편하게 판단하고 싶어 하는 니즈를 충족시켜 주어야 한다. 이에 따라 On-Line에서 결제하고 Off-Line 매장에서 테스팅, 컨설팅, 자신에 맞는 화장품 선택 등 질적 서비스를 하는 수준이었다. 현재는 소비자가 매장을 방문하면 스마트폰 App을 다운받아 해당 매장에서 상품 Tag에 스마트폰을 터치하면 On-Line에 등록된 해당 상품 후기, 가격 등에 대한 다양한 정보를 소비자들에게 제공하는 On-Off Line의 구분 없는 O2O 서비스를 선보이고 있다. 이뿐만 아니라 그 이상의 서비스가 제공되고 있을지도 모른다.

이와 같이 기존 전통적인 산업에서 경쟁사 대비 비교우위 확보를 위하여 ICT 기술을 활용하여 기존 산업의 혁신을 하는 것은 이제 선택이 아닌 필수이다. 우리는 여기서 간과하지 말아야 할 것이 있다. 디지털 혁명의 도래와 함께 인류는 인터넷을 통한 실시간 소통 기반 글로벌 및 정보 시대에 살고 있다는 것이다.

기존 산업 혁신형 O2O는 글로벌, 실시간, 정보 등의 디지털 패러다임 위에서 Business가 진행되어야 한다. 화장품, 의류 등 소비자 밀착형 산업의 경우 제조업 기반이므로 인터넷의 보급과 함께 제품 인지도는 글로벌 확산성에 달려 있다고 해도 과언이 아니다.

글로벌 명품 또는 인지도의 향상이 없는 O2O화는 지역특화 전략을 사용할 수밖에 없으며 글로벌화가 더욱 진행되었을 때는 경쟁력을 상실할 수밖에 없다. 생산 중심의 소비자 밀착형 소비산업은 글로벌화를 선구축하고 Off-Line 매장, On-Line 쇼핑몰, 전문 유통산업 등과 연계하여 O2O 전략을 사용하여야 한다.

해당 산업 영역은 샤넬, 크리스찬 디오르, 프라다, 구찌, 로레알, SK-II, Shiseido 등 생산자, 즉 공급자 중심의 마케팅이 우위를 점하고 있는 시장이다. 그러나 앞으로 수요자 중심의 마케팅, 연구개발 기업과 디지털 문화 · 게임 · 콘텐츠 기업이 연계하여 TV, 영화, 음악, 게임 등을 통하여 브랜드 인지도를 확보하고 On-Off Line매장을 통해 판매하는 새로운 O2O Business 체계가 일반화된다면 기존 소비자 밀착형 산업은 공급자 중심의 폐쇄성에서 수요자 중심으로 빠르게 재편될 것이다.

다음은 새로운 패러다임에 적합한 새로운 Business를 찾아내고 ICT를 활용하는 플랫폼 기반 ICT형 O2O Business를 알아볼 필요가 있다.

기존 산업 혁신형 O2O Business가 생산자의 마케팅 또는 판매를 위한 보조형이었다면 새로운 Business형 O2O는 처음부터 ICT 기반의 새로운 사업 모델이다. 인터넷 발전 이후 인터넷의 용도는 초기 정보 검색, 이메일 등 제한적 용도에서 스마트폰의 보급과 함께 소셜 미디어 중심으로 급격히 재편된다.

1세대 소셜 미디어는 사람들과 관계를 기반으로 수많은 사용자들을 모으는 플랫폼으로 발전했다. 2세대 소셜 미디어는 사람들의 소통을 위한 수단인 메신저 기반 플랫폼으로 발전하며 전 세계에 있는 사람들을 단일 플랫폼 속에 모았다.

이와 같이 Social Networking 기반 플랫폼은 단순 관계 중심에서 Social Commerce 형태로 발전할 수밖에 없을 것이다. Social Networking 기업은 광고를 주요 수익으로 하고 있으나 현재 기업가치 대비 수익률은 낮을 수밖에 없다. 글로벌, 실시간, 디지털, 네트워킹 등으로 형성된 Social Networking 플랫폼은 비즈니스 관점에서 다양한 새로운 사업 Item을 시작할 수 있는 기반이 조성되었다.

이들은 Social Commerce 시장으로 진출하기 위하여 사람들의 생활에 꼭 필요한 정보 서비스 시장 중심으로 점진적으로 접근할 것이다. 그 대표적인 예로 카카오톡, 라인과 같은 한국의 소셜 미디어 기업들은 택시콜, 음식 배달, 대리운전 등을 지도와 소셜 미디어 플랫폼을 기반으로 공급자와 수요자를 상호 연계하는 정보 중개형 O2O Business를 시작하였다.

지금은 관계 기반의 소셜 미디어 플랫폼 특성상 상업적으로 옮겨갔을 때 가입자들의 부정적 시각을 고려하여 제한적 O2O Business를 하고 있다. 유료화가 일반화되었을 때 이들은 유통업계의 대형마트 또는 대형 On-Line 쇼핑몰 등을 능가하는 강력한 시장 지배자로 등장할 것이다.

또 다른 유형은 스마트폰 App 플랫폼을 기반으로 주차장, 커피 등 공간 및 상품의 주문 및 결제를 공급자와 소비자 간에 대행하는 로컬 기반 정보 중개형 O2O Business가 있을 수 있을 것이다.

스타벅스, 맥도널드 등 글로벌 기업과 경쟁에서 살아남기 위해 프랜차이즈 또는 개인 커피 전문점은 온라인 주문 중개 플랫폼에 가입하여 고객 확보와 대기시간 최소화를 통해 생산성을 향상시키고 있다. 수요자는 커피를 받기 위해 필요한 시간을 기다릴 필요도 없고 별도의 비용을 부담할 필요가 없다.

이와 같은 로컬 기반 O2O Business는 점진적으로 확대될 것이나 특정 분야의 로컬 기반 정보 중개 사업자는 글로벌 또는 지역 독점 형태의 소셜 미디어 기업들이 이와 동일한 O2O Business에 참여한다면 심각한 타격을 입을 가능성이 높을 것이다. 수요자는 많은 App을 설치하기 보다는 하나의 App에서 서비스를 제공받는 것을 가장 선호할 것이다.

사람들이 살아가는데 필요한 다양한 App이 스마트폰에 증가하면서 사람들은 자신들이 어떤 App을 설치하였는지 기억하지 못하고 있다. 따라서 사람들은 다양한 서비스를 받기 위하여 여러 사이트에 가입하는 방식은 선호하지 않을 것이다. 전국망 또는 글로벌망으로 서비스를 제공하는 단일 사업자로부터 다양한 서비스를 받기를 원할 것이다.

이들은 소셜 미디어 기반 Social Commerce 기업에 대응하기 위해서는 동일 품목에 대한 지역 독점 형태를 갖추고 글로벌 연대로 대응할 필요가 있을 것이다. 예를 들어, 항공사와 선박 회사들은 소비자들의 니즈를 충족하고 다양한 항로 확보를 위하여 항공사 및 선박회사 동맹체를 결집하고 세계 글로벌망을 갖춘 항공 및 화물운송사가 되었다. 이들은 저가 항공사의 도전과 인수 · 합병 등으로 치열한 경쟁에서 살아남기 위하여 연합을 통한 글로벌 전략을 추진하는 것이다.

예를 들어 스타얼라이언스의 경우 27개 회원사가 184개 국가에 하루 2.1만의 출발 편과 연간 승객 수 5억 7,900만 명의 승객을 확보하고 있다. 또한 2위 스카이팀의 경우 13개의 회원사가 169개 국가에 하루 1.3만 편의 출발 편, 연각 승객 수 4억 6,200만 명의 승객을 확보하고 있다.

여기서 재미있는 질문 하나!

스타벅스는 커피 전문점이며 세계적인 글로벌 기업으로 거의 전 세계에 매장을 갖고 있다. 이들은 자체 스마트폰 App을 통한 커피 주문 예약 및 결제 서비스를 시작하였다. 이것은 전형적인 기존 산업의 고도화 영역에 해당할 것이다. 이에 맞서 로컬 기반 커피 주문 중개 업체와 커피 프랜차이즈 기업의 연합체가 글로벌 기업인 스타벅스의 커피 전문 App을 이기고 기존에 스타벅스가 가지고 있는 시장을 찾아올 수 있을까? 그 답은 **어렵다**일 것이다.

그렇다면 글로벌 네트워킹을 갖춘 소셜 미디어 기반 Social

Commerce 기업이 해당 서비스를 전 세계 로컬 커피 프랜차이즈 및 개인 카페 등과 연맹하여 동일한 서비스를 한다면 스타벅스 주문 App을 이기고 스타벅스의 기존 시장을 잠식할 수 있을까? 이를 맥도널드에 접목시킨다면 어떨까?

이와 같이 미래 시장은 O2O 기반의 새로운 Business가 지속적으로 만들어 질 것이며 가장 우선 순위는 글로벌 기반이라는 것을 명심해야 할 것이다. 그 다음은 수요자의 니즈를 경쟁자보다 빨리 파악하고 이들을 **O2O 플랫폼**에 반영하여야 할 것이다.

일방향에서 쌍방향으로 집단지성의 시대

인류는 그동안 일방향 정보 즉, 누군가 정보를 일방적으로 주는 구조에 익숙해져 있다. 정부의 제도적 관점에서 본다면 제1차 농업혁명 이후 인류는 지배 계층에서 의사를 결정하고 피지배 계층은 단순히 지켜야 하는 일방향 의사 결정 구조였다. 국가를 책임지는 왕과 관리, 현대의 최고 의사 결정권자, 국회, 행정부, 사법부 등 일부 계층이 법을 제안하고 제정 후 국민들에게 공표함으로써 법은 효력을 발휘한다. 이 과정에서 일부 국민들은 공청회 등을 통하여 의견을 제시할 방법이 있으나 현실적으로는 참여하기 어렵다.

언론의 관점에서 본다면 모든 정보는 언론이라는 특정 분야에서 정보를 생산하고 배포하고 일반 사람들은 그 정보를 여과 없이 일방적으로 받아들이는 구조였다. 정부와 언론이 잘못된 정보를 생산하고 배포한다면 일반 국민들은 이를 제어할 방법이 없다.

하지만 인터넷, 퍼스널 컴퓨터, 스마트폰, 소셜 미디어 등 디지털 기술의 확산은 인터넷 시대 초기 단순 정보 검색 중심에서 정보를 생산하고 공유하는 쌍방향 체계로 전환되기 시작했다. 쌍방향 체계는 단순히 개인과 개인 간에 의사소통을 하는 단순한 전화의 개념이 아니다. 쌍방향 체계는 정보의 생산과 공유 측면에서 일반 시민들의 참여의 의미와 적극적인 반박, 논쟁 등 다양한 형태의 상호 의사소통을 포괄하는 것이다.

정보의 생산과 공유 측면의 참여형에 대하여 알아보자. 1990년 8월 2일 이라크의 쿠웨이트 침입으로 시작된 걸프전은 미국, 영국, 프랑스 등 34개 다국적군이 참여하여 1991년 2월 28일 다국적군의 승리로 전쟁이 종결된다. 당시 미국 CNN의 피터 아넷 기자는 이라크전 상황을 인공위성으로 생중계하여 **언론 영웅**이 되었으며 CNN이 걸프전 실시간 중계로 24시간 뉴스 채널로 성장하는 기반이 되었다.

또한, 미국은 이라크와 전쟁을 하면서 단시간에 이라크를 현대적인 무기로 제압하며 미국의 압도적인 군사력 수준을 전 세계에 알리는 계기가 되었다. 이 당시 뉴스는 언론사의 기자가 현장에서 직접 촬영하고 이를 인공위성을 통하여 세계에 전송하는 일방향 체계로 되어 있었다.

이후 인터넷과 스마트폰의 확산과 함께 Facebook, Twitter 등 다양한 Social Networking이 활성화되고 있다. 지진, 홍수, 전쟁 등 대규모 재앙이 발생 했을 때 언론사 기자는 물론이고 일반 시민들까지 소셜 미디어를 활용하여 실시간으로 재난 상황을 전 세계에 알리고 있다.

특정인이 정보를 생산하는 것이 아니라 일반 사람들 누구나 참여하여 정보를 생산하고 전 세계에 알릴 수 있는 체계가 형성된 것이다. 걸프 전 이후 10년이 지나 이슬람국가(IS)가 장악하고 있는 이라크 북부 도시 모술 탈환을 위한 공습을 블룸버그, 쿠르드 뉴스 통신사 Rudaw, 이라크 공영방송 Iraqiya TV, 알자지라, 영국 채널4 등 다양한 뉴스 채널이 Facebook을 통해 실시간으로 전 세계에 공습 상황을 생중계하였다. 사람들은 실시간으로 정보를 얻을 수 있었다.

뿐만 아니라 2010년 아이티 대지진, 2011년 사천성 대지진이 발생했을 때 일반인들이 Facebook을 통하여 전 세계 지진 상황을 알려주고 실종자를 찾고 피해 복구를 위한 기부금을 모으는 등 재난 감시, 대응, 복구 등과 관련된 정보 교환이 소셜 미디어를 통하여 이루어졌다. 이와 같이 Facebook, Twitter 등 소셜 미디어는 과거의 전통적인 미디어와 정부 중심에서 일반 사람들이 정보의 생산자이자 배포자로 참여하여 적극적으로 대응하는 참여형으로 발전하고 있다.

또 다른 사례로 전통적인 사전은 출판사에서 사전을 만들고 판매하는 시스템으로 구성되어 있었다. 전문가들이 참여하여 사전을 만들고 신조어가 나오면 1 ~ 2년 단위로 주기적으로 사전을 업데이트하고 신규 고객에게만 업데이트 정보를 제공할 수 있었다.

이와 같은 종이 사전의 문제점을 해결한 것은 인터넷을 통해 제공되는 디지털 사전이다. 하지만 공급자가 직접 생산하는 디지털 사전 역시 신조어에 신속하게 대응하는 것은 한계가 있었다. 이와 같은 전통적인 공급자 중심의 사전을 대체한 사례가 **위키피디아**이다.

위키피디아는 위키(Wiki)와 피디아(Encylopedia)의 합성어로서 새로운 시대의 백과사전을 의미한다. 새로운 시대라 함은 디지털, 인터넷, 정보, 실시간 등 디지털 혁명 시대를 말하며 이를 활용하여 백과사전을 만드는데 적용했다는 의미일 것이다.

위키피디아는 집단지성이 참여할 수 있는 그릇 즉, 백과사전 플랫폼을 개발하고 전 세계인이 참여하여 백과사전을 만드는 **집단지성 참여형 백과사전**이라 할 수 있다. 위키피디아는 2012년 12월 기준으로 285개 언어로 서비스되고 있으며 전 세계 3억 6,500만 명의 독자와 매월 27억 페이지뷰를 넘어서고 있다. 정확성 및 객관성 확보를 위하여 중립적 시각의 원칙과 확인 또는 검증 가능성의 원칙, 그리고 독자 연구 금지의 원칙 등 세 가지 원칙을 지키고 있다.

이와 같은 원칙에 따라 위키피디아 사용자들은 자유롭게 글을 올릴 수는 있으나 언제나 불완전한 상태이다. 다른 참여자들의 지속적인 참여와 보완을 통해 콘텐츠의 질을 향상시키는 집단지성의 전략을 쓰고 있다. 집단지성의 논리는 **모든 것을 아는 사람은 없지만 누구나 무엇인가를 알고 있기 때문에 완전한 지식은 인류 전체에 퍼져 있다.** (P. Levy)는 말과 같이 상호 보완을 통해 만들어 가는 과정인 것이다.

과연 집단지성이 참여하지 않고 전통적인 공급자가 생산하는 방식으로 접근한다면 2001년 1월 창간한 위키피디아가 이렇게 빨리 거의 전 세계 언어로 번역될 수 있었을까? 이는 집단지성이 아니면 불가능했을 것이다. 이에 따라, 1768년 창간한 세계 최고의 브리태니커 백과사전은 위키피디아 등과 같은 다른 백과사전과의 경쟁으로 2012년 3월 오프라인판 발행을 중단하였다. 여기서도 알 수 있는 바와 같이 패러다임에 적응하지 못한 기업은 자신의 현재 위치를 지킬 수 없다.

BBC, NBC 유니버셜, 후지 TV, 대한민국 방송 3사 등의 TV 드라마, 영화 등을 대상으로 자막을 넣고 배급하는 **비키**(Viki)는 동영상 플랫폼 기업이다. 집단지성이 참여하여 150여 언어로 해당 콘텐츠를 번역하고 전 세계를 대상으로 동영상 스트리밍 서비스를 제공하고 있다. 비키(Viki)는 Video와 WiKi의 약자로서 온라인 콘텐츠 플랫폼을 통해 매월 2,000만 명 이상이 이용하고 있다.

공급자인 방송사 및 영화사는 150개 언어로 만들어진 동영상 콘텐츠를 단 며칠 만에 확보하고 전 세계 시장에 공급할 수 있다. 만약 공급자가 해당 언어 자막을 만들고 보급하는 전통적인 방식이라면 자막 번역에 오랜 시간이 걸릴 수밖에 없을 것이므로 영어, 프랑스어, 스페인어, 중국어, 일본어 등 대중성 있는 몇몇 언어 버전만 공급할 수 있었을 것이다. 따라서 글로벌 동시 출시도 늦어지거나 어려울 수밖에 없을 것이다.

비키는 동영상 콘텐츠를 공급받아 이를 다양한 언어로 번역할 수 있는 동영상 번역 플랫폼을 제공하고 공급자와 수요자 정보를 연계하는 참여형 비즈니스 모델을 제시하였다. 비키의 창업자는 2억 달러에 기업을 매각하였다.

또 다른 대표적인 플랫폼 기반의 참여형 모델 중 하나로 **Trip-Advisor**가 있다.

TripAdvisor는 여행을 소재로 집단지성이 참여하여 명소 위치, 사진, 맛집 등을 알릴 수 있는 플랫폼을 구축하고 전 세계를 대상으로 여행정보 제공 서비스를 하고 있다. 여행 프로세스는 여행 대상지 국가 탐색, 국가별 명소 검색, 명소별 맛집과 숙소 검색 등을 통한 여행지 결정, 일정 세우기, 최적 항공편 검색, 여행하기, 여행후기 등으로 구성되어 있다.

TripAdvisor는 숙소, 음식점, 관광 명소 등의 여행 계획 세우기에 최적화된 여행 전문 참여형 App이다. 여행자가 방문한 도시에서 직접 경험한 정보를 사진과 리뷰로 남기면 다른 사람들이 정보를 활용할 수 있도록 하였다. TripAdvisor는 소수의 정보 왜곡자로 인해 발생할 수 있는 정보의 오류는 다수의 사용자가 참여하여 평가함으로써 평균값으로 평점을 부과하는 방식으로 보정하도록 하였다. 사이트의 개설 당시는 참여자가 많지 않아 정보의 왜곡 현상이 발생하기도 했으나 참여자의 증가로 정보 왜곡 현상은 차츰 해소될 수 있었다.

TripAdvisor의 자산은 방대한 사용자 수, 전 세계 곳곳의 방대한 여행지 정보와 이를 연결하는 플랫폼이다. TripAdvisor는 여행 정보 제공 중심에서 Booking.com, Hotels.com, Expedia, Agoda.com 등 호텔 예약 전문 On-Line Mall 등과 연계하여 호텔 예약 지원 등 다양한 기능을 도입하며 고객의 니즈에 대응하고 있다. 후발주자는 선발주자보다 뛰어난 기능을 만들 수 있으나 방대한 정보를 축적하기는 어렵다. TripAdvisor와 유사한 여행 전문 지원 사이트인 대한민국의 **Wishbeen**을 보자.

Wishbeen은 다른 여행자가 제공한 추천 여행 일정 및 코스, 여행 꿀팁, 커뮤니티 등을 통하여 다양한 정보를 제공하고 있다. 또한, 여행 일정을 세울 때 다른 여행자가 게시한 사진을 보고 자신이 가고 싶은 장소를 결정하면 순차적으로 명소를 지도상에 선으로 연결할 수 있다. 지도상에 연결된 지도를 보고 동선을 변경할 수 있어 편리하게 여행 일정을 세울 수 있다. On-Line 호텔 예약 App 등과 연계하여 예약 기능 뿐만 아니라 SkyScanner와 연계하여 항공 예약도 가능하다.

TripAdvisor가 여행 계획 세우기를 위한 여행 정보 제공 App이라 한다면 Wishbeen은 호텔, 항공, 후기, 컨설팅 등 다양한 기능을 포함하는 여행 지원 전문 App이다. 여행 계획, 여행하기, 여행후기 등 여행 전문 App 측면의 기능적 측면에서는 Wishbeen이 더 많은 기능을 갖고 있다. 그러나 여행 전문 App은 기능적인 측면이 중요한 것이 아니라 글로벌화 수준, 정보의 양, 정보의 왜곡 현상 최소화, 가입자 수 및 활동자 수 등이 중요하다.

후발 주자인 Wishbeen이 선발주자와 경쟁하기 위해서는 기능적인 측면과 함께 여행전문 업체 등과 연계하여 세계 각국의 명소, 숙소, 음식점 등의 정보를 생산자가 우선 확보하고 대한민국뿐만 아니라 글로벌 가입자를 확보하여 가입자 수 확대 방안을 함께 마련하여야 한다. 집단지성이 참여하는 참여형 비즈니스는 후발업체의 약점인 정보의 신뢰성을 확보할 방안을 제시하여야 한다.

참여형의 또 다른 형태는 대한민국의 **다음아고라**이다. 다음아고라는 사회 이슈에 대하여 집단지성이 참여하여 자신들의 의견을 피력하고 새로운 해법을 찾는 모델이다. 이와 같은 토론형 모델은 컨설팅에 있어 브레인스토밍과 유사하다. 브레인스토밍은 다수의 컨설턴트들이 참여하여 해당 명제에 대하여 기존의 생각을 벗어나 자신들의 의견을 자유롭게 표현할 수 있으나 타인들의 의견에 비판을 할 수 없으며 이를 통하여 질보다는 다양한 아이디어를 발굴하는 것이다.

또한 참여자들은 상대방의 의견을 참고하여 자신들의 의견을 추가함으로써 융합된 새로운 의견이 만들어지므로 아이디어의 재창출을 통하여 기존의 관념을 벗어난 다양한 새로운 아이디어를 발굴한다. 브레인스토밍의 약점은 상대방에 의지하거나 내성적인 참여자가 많을 경우 좋은 아이디어 도출이 어려울 수 있으며 리더의 능력에 따라 성과가 좌우되는 문제점이 있다.

토론형 참여형 모델은 Off-Line으로 진행되는 브레인스토밍과 비교하면 On-Line에서 진행되므로 사람들은 자신들의 신분이나 얼굴이 공개되지 않는다. 익명성은 인간의 원시적 본능인 위협을 받고 있다고 느꼈을 때와 동일한 자기보호 본능과 공격성이 그대로 표출될 수 있다.

여러 사람 앞에서 자신들의 의견을 제대로 말하지 못하는 사람들도 On-Line의 특성으로 활발하게 참여할 수 있으며 제재하는 사람들이 없기 때문에 기존 관념을 벗어난 다양한 의견이 나올 가능성도 높다. 반면 자신과 의견이 다른 사람에게 욕설을 하며 반대하는 등 인간의 본능이 여과 없이 나타나기도 한다. 또한, 토론을 이끌어 갈 리더가 존재하지 않아 사회 문제를 해결하는 것이 아니라 이분법적으로 적과 아군으로만 나뉘어 여론 분열을 일으킬 수 있는 약점이 있다.

토론형 참여형 모델이 성공하기 위해서는 욕설 등의 공격성에 대한 제재 방안과 남의 의견에 대한 비판 금지 조항을 만들어 규칙을 엄격하게 적용하여 On-Line에 따른 문제점을 해결해야 한다. 그러면 Off-Line의 브레인스토밍보다 양적 아이디어 확대와 질적 아이디어 향상을 가져올 수 있을 것이다. 이와 같이 On-Line의 문제점을 보완하고 장점을 강화한다면 토론형 참여형 모델도 집단지성 시대에 지식 산업의 새로운 Business Model이 될 수 있을 것이다.

기술 발전은 인간 니즈의 변화다

PC와 인터넷의 발전으로 시작된 디지털 혁명 시대는 매체별 발전과 함께 사람들을 위한 서비스가 진화하기 시작하였다. 고객과의 접점인 단말은 1단계 PC 기반 Web, 2단계 Mobile 기반 Web, 3단계 Smart Phone 기반 App으로 점진적으로 발전하였다.

1단계는 정해진 장소에서만 사용하여야 하므로 정보 접근성이 떨어졌다. 2단계는 Mobile 기반의 접근성은 갖췄으나 단말의 한계성으로 용도별, 사용자별로 제작된 특별 단말기를 사용할 수밖에 없어 기기 간 호환성 및 고비용 등의 한계가 있었다. 또한 무선 Wi-Fi 서비스 구간에서만 작동됨에 따라 제한적 이동성의 문제가 지적되었다. 3단계는 1, 2단계의 주요 이슈를 해결하고 완전한 이동성이 보장된 실시간 정보 공유 체계로 발전하였다.

이에 따라 ICT 패러다임은 PC 기반 정보화 시대의 시작을 알리는 전자정부 시대, 스마트폰 기반으로 빠르게 정보를 주고받으며 Mobile Office 시대를 펼친 모바일 시대, 스마트폰의 활성화와 정보와 서비스의 결합으로 만들어가는 스마트 시대로 발전하고 있다.

기술의 발전에 따른 스마트 매체의 패러다임 변화는 On-Line 게임에서도 찾아 볼 수 있다. On-Line 게임은 PC 및 인터넷의 발전과 함께 리니지, 스타크래프트 등 전략 시뮬레이션 게임의 등장과 함께 눈부시게 발전하고 있다. 일례로 엔씨소프트는 2000년 7월 상장 이래 2007년 기준 시가총액이 약 1조원, 2011년 8월 약 7.6조원으로 증가하였으나 2014년 9월 기준 약 3조 원으로 하락하다 그 이후 다시 상승하여 2017년 4월 기준 7.7조원으로 과거 수준을 회복하였다. 엔씨소프트는 PC 기반 On-Line 게임 전문 기업으로 2011년까지 최고의 전성기를 기록하다 동일 분야 경쟁 기업의 출현으로 주춤했다. 소니사의 Playstation 게임 등이 출현하였으며 수요자의 모바일에 대한 요구는 증가하고 있으나 자신들 게임의 특성으로 PC 기반을 고집함에 따라 수요자의 니즈와 기술 발전 패러다임에 적응하지 못하였다. 반면 스마트폰 기반 Mobile 게임 전문 기업인 컴투스 등은 주가가 약 2 ~ 3배 이상 상승하였다.

일본 게임사의 최강자인 닌텐도는 PC와 스마트폰의 중간 형태인 움직이면서 게임을 할 수 있는 전용 게임기로 게임 서비스를 가능하게 하는 닌텐도 시리즈로 세계 게임 시장을 선도하였다. 스마트폰의 보급으로 닌텐도의 성장은 멈추고 하락으로 돌아서게 된다.

기술의 발전은 단순한 기술 자체를 의미하는 것이 아니라 기술의 발전과 보급 확산은 인간의 니즈를 반영한 결과로서 인간의 생활과 밀접한 관련이 있다. 개별 상품의 특수성으로 기술 발전의 패러다임에 적응할 필요가 없다는 것은 넌센스라 할 수 있다. 기술 발전에 대응할 필요가 없다는 주관적인 생각은 해당 시장의 미래 성장성이 없거나 그 동안 경쟁자로 생각하지 않았던 신기술로 무장한 새로운 영역에서 신규 경쟁자가 나타나 해당 영역은 사라지고 말 것이다.

기술의 발전은 인간 니즈를 기반으로 한다. 인간의 세계에 대한 관심과 신속한 의사소통 등의 니즈에 따라 TV, 라디오, 신문, 전화 등을 개발하였다. 이들의 일반화는 인간으로 하여금 화질의 선명성, 글로벌에 대한 관심 증가, 신속한 의사소통, 정보 검색 및 공유, 글로벌에 대한 관심 등 실시간 글로벌 정보라는 새로운 니즈가 발생하였다. 이에 따라 디지털 기술을 활용한 TV, 라디오, 신문, 전화 등의 디지털화는 가속화되었다.

인간은 이동 중 언제 어디서나 정보를 주고받을 필요성과 분산된 기능을 가진 기기들의 통합의 필요성으로 기존 제품들을 융합한 새로운 형태의 스마트 디바이스인 스마트폰이 창조되었다.

우리가 명심하여야 할 것은 앞으로 요구되는 기술의 발전은 단순한 기술의 발전이 아니라 인간 생활 즉, 인간 니즈의 변화를 의미한다는 것이다.

도시의 형성과 발전. 글로벌 이슈와 사회 이슈

제1차 농업혁명과 제2차 상업혁명을 거치며 농업 중심의 세계 경제는 제3차 제조업혁명과 함께 공업화의 길로 들어서게 되었다. 이에 따라 농민들은 도시의 공장 근로자로 흡수되었다. 제3차 제조업혁명 시대는 기계화, 자동화 등 발전된 기술을 기반으로 대량생산 대량소비의 공급자 중심 시대로서 기업들은 공장 운영을 위한 노동력이 절대적으로 필요하였다. 전통적인 정치, 행정의 중심지였던 도시들은 산업화와 함께 공업 중심지로 변모하였으며 인구의 기하급수적 증가를 경험하게 된다.

공업화로 도시 인구가 집중하는 초기 현대사회의 사람들은 목적이 아닌 생산을 위한 수단이었다. 초기 노동자 계층의 대부분은 농촌에서 생활이 어려워지자 새로운 일자리를 찾아 농촌에서 도시로 이주하였으나 낮은 월급과 오랜 근무시간 등으로 인간다운 삶은 어려웠다.

현대사회는 인구 증가에 대응하기 위하여 도시 공간 및 공공 업무의 질적 향상 보다는 주택, 기반시설 등의 물리적 확대에 주력하였다. 3차 산업혁명과 함께 초기 현대사회는 공업화와 인구 증가로 교통, 주거, 상업, 교육, 의료 등 기반 인프라 부족, 환경오염, 환경 파괴, 범죄 증가, 자연재해, 도시 빈민 증가 등 다양한 사회 문제가 생겨났다.

제조업을 기반으로 경제성장한 선진국은 다양한 사회 이슈에 대응하기 위하여 물리적 공간과 시설을 확대하는 전략에서 인간의 삶의 질을 향상시키고 계층 간 불평등을 해소하는 등의 질적 개선 전략으로 패러다임을 변경한다.

선진국들은 인간 중심 정책으로 삶의 질 향상과 도시의 효율적 운영 관리를 목표로 도시 인프라의 확대 및 개선을 시작하였다. 건축물에 대한 층고 및 용적률을 제한하고 교통 관리 시스템을 구축하였다. 아울러 환경오염 예방을 위한 자동차 배출 가스 규제 등 환경 규제를 강화하고 개발 중심에서 환경보호 중심으로 전환하였다.

또한 인권 보호와 근로자의 생활 안정을 위한 최저임금제를 도입하고 자동차 중심에서 보행자 중심으로, 사회적 약자 보호, 의료보험 강화, 응급의료 체계 구축 등 다양한 정책을 펼치고 있다.

환경 규제 강화와 임금 상승에 따른 경쟁력 확보를 위하여 선진국 기업들은 해외 개발도상국으로 공장을 이전하였다. 그로 인해 해당 선진국들은 일자리 부족, 경제성장 정체 등 다양한 사회 이슈에 직면한다. 이에 따라 스페인, 이탈리아, 포르투갈, 아일랜드, 그리스 등 기업 경쟁력이 낮은 유럽 연합(EU) 국가들은 2007년 세계 금융위기와 함께 경제적 위험에 빠지고 만다.

영국, 프랑스, 네덜란드 등의 경제 강국들도 제조업의 사양화와 디지털 혁명 시대의 핵심 산업인 ICT 기술 산업의 경쟁력 부족으로 미국, 일본, 대한민국, 중국 등의 국가들에 세계 경제의 선두 그룹 자리를 내주고 있다. 특히 중국의 경우 유럽, 미국, 일본, 대한민국 등 선진국 제조업 기업들의 공장 이전으로 연 10% 이상 고속 성장하는 자본주의 시대의 최고 수혜자였다.

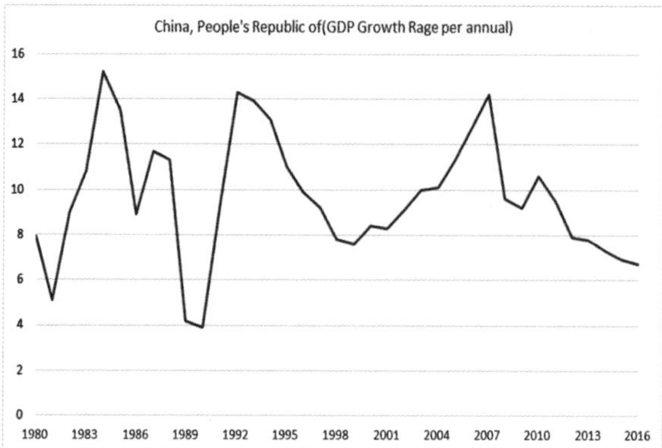

〈 중국의 경제성장율 〉

유럽, 미국 등 선진국은 기반 시설 노후화 등으로 막대한 정부 재정 투입을 필요로 하고 있으며 기존 산업 부실, 신산업 부족, 일자리 부족, 청년실업, 소득불균형, 고령화, 저출산, 범죄, 테러 등 국가 경쟁력을 약화시키는 사회 문제를 안고 있다.

고령화로 의료비 지출이 증가하고 정부 재정 투입이 늘었으나 소비 감소 등의 요인으로 GDP 성장률은 하락할 수밖에 없다. 또한, 청년실업 증가로 젊은 계층은 불확실, 불안, 불신의 시대에 살게 되면서 결혼이 늦어질 뿐만 아니라 출산율이 현저하게 떨어지고 있으며 인구 구조 문제와 미래 국가 경쟁력 하락이 예상된다.

소득불균형은 월급을 통한 자산 증식 속도보다 자본 투자 수익이 현저하게 높아 중산층이 몰락하고 신구세대 간 갈등이 증가하는 등 다양한 사회 분열 현상이 발생하고 있다.

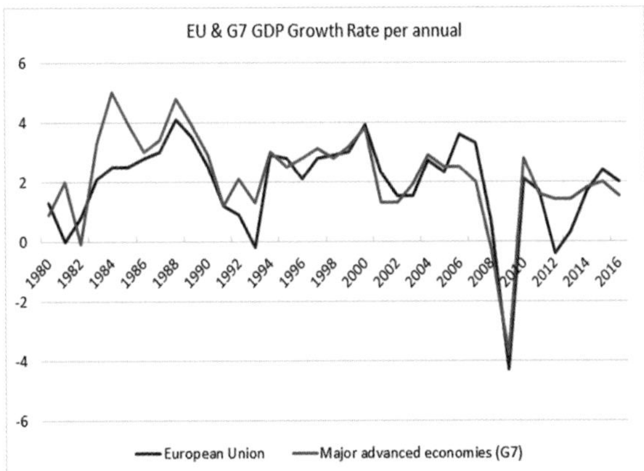

〈 유럽 및 G7 경제성장율 〉

제3차 산업혁명 이후 세계는 석유, 석탄 등 탄소 에너지원 사용이 증가하고 공장 매연과 자동차 배기가스 배출이 늘어남에 따라 개발도상국을 중심으로 대기 및 수질 등의 환경오염이 증가하고 있다. 지구온난화에 따른 기후변화는 지구 평균기온을 상승시켜 남극과

북극의 빙하의 양의 감소로 인한 해수면의 상승과 이상기온, 홍수 등 다양한 자연재해가 증가하고 있다.

이와 같은 글로벌 이슈는 개별 국가 차원에서 해결하는 것은 불가능하며 글로벌 해결책을 찾고 있으나 국가 간 이해관계로 어려움을 겪고 있다. 선진국의 제조 기업들은 인건비 절감 등을 위하여 개발도상국으로 공장을 이전하였으며 국내 생산 방식을 자동화로 전환함에 따라 생산성이 향상되고 GDP가 증가함에도 일자리는 줄어드는 과학기술의 부작용이 나타나고 있다.

일자리 감소, 가계 가처분 소득 감소 등으로 소비가 후퇴하고 부모세대가 자식세대에서 사용할 부를 미리 사용하고 있다. 의료 기술의 발전으로 평균 수명이 증가함에도 고용시장의 은퇴 연령이 지속적으로 늦추어지면서 청년실업률이 증가하는 등 잠재 경제성장률 하락의 지표가 현저하게 나타나고 있다.

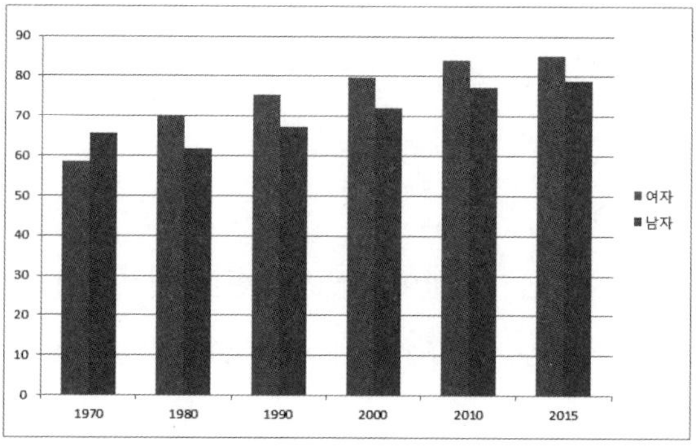

〈 한국인 기대수명 변화 〉

평균 수명의 증가와 청년층 실업율의 상관관계를 보면 평균 수명이 70세일 때는 실질적 경제생활은 25세 ~ 60세로 약 35년간 하였으나 평균수명이 80세일 때는 25세 ~ 70세까지 약 45년간 경제생활이 필요함에 따라 증가된 10년은 20대를 위한 신규 일자리의 감소로 나타나고 있다.

유럽의 경우 과학기술의 부작용과 경제성장률의 한계는 기성세대를 중심으로 자신을 지키려는 보호 본능이 강해지고 있다. 유럽 이외의 새로운 경제 대국이 증가하고 상대적으로 국가 경쟁력이 약화되어 자신을 보호하기 위하여 신보호주의 또는 국가주의 정책을 취할 가능성이 높아졌다.

미국은 도널드 트럼프 대통령 취임과 함께 자국의 이익을 극대화하기 위하여 미국 국적 해외 공장의 국내 유턴, 미국에 상품을 판매하는 해외 기업의 미국 내 공장 신설 압박, 미국과 수출 불균형을 이루는 국가들에 대한 환율 조작국 지정 움직임 등 관세와 환율을 이용한 보호 무역 체계를 강화하고 있다.

앞서 말한 바와 같이 세계는 글로벌화와 자유무역을 향하여 점진적으로 발전해 왔다. 디지털 혁명 시대의 도래와 함께 세계의 글로벌화는 거역할 수 없는 현실이 되었다. 현재 미국은 보호 무역 움직임 즉, 고립화 전략을 사용하려 하나 세계의 글로벌화라는 대 패러다임을 거스를 수는 없을 것이다.

도시화와 경제 발전은 자동차의 증가로 심각한 교통 정체를 유발하고 있다. 개발도상국 중 가장 빠르게 경제 성장을 이룬 중국은 2011년 자동차 등록 대수 1억 대, 모터사이클 1억 1,900만 대였다. 2015년 말 기준 자동차 등록 대수는 1억 7,200만대로 72% 증가하여 GDP 성장률과 유사한 자동차 증가율을 보이고 있다.

자전거, 모터사이클 중심에서 자동차 중심 교통체계로 빠르게 전환됨에 따라 도시의 교통 문제는 더욱 심각해질 것이다. 자동차의 증가에 따른 도시 매연과 산업화에 따른 대기환경 오염이 사회적 이슈로 떠올랐다. 새로운 대안으로 등장한 전기자동차 등 친환경 자동차는 2011년 기준 58만 3,200만대였으나 2015년 1월부터 10월까지 누적 판매 대수가 17만 1,145대로 빠르게 증가하고 있다.

베트남의 경우 하노이, 호치민, 다낭 등 대도시를 중심으로 자전거 중심에서 오토바이 체계로 전환되었다. 이후 경제의 급속한 성장과 함께 자동차 중심 교통체계로 빠르게 변화되고 있다. 이를 해결하기 위하여 버스, 지하철 등 대중교통을 확대하여 교통 문제에 대응하기 위해 노력하고 있다. 2011년 기준으로 자동차 등록 대수를 보면 미국은 2억 8,500만 대로 세계 1위이며 다음으로 중국이 1억 대로 2위, 일본이 7천만 대로 3위다.

세계의 자동차 시장은 경제성장률에 비례하여 증가하고 있다. 향후 개발도상국을 중심으로 교통 문제는 심각한 사회적 이슈가 될 수밖에 없을 것이다. 산업혁명과 함께 개발 패러다임으로의 전환으로 자연의 무분별한 훼손, 탄소 에너지원 중심의 에너지 체계에 따른 기후 변화로 이상고온, 홍수, 산불 발생, 도시 침수 등 대형 재난이 빈번하게 발생하고 있다.

막대한 자본을 보유한 선진국은 재난 인프라와 매뉴얼이 잘 정비되어 있다. 반면 개발도상국은 취약한 정부 재정으로 사회 기반 시설이 부족하여 홍수, 범람 등이 빈번히 발생하고 있다. 이로 인하여 취약계층인 서민층의 피해가 상대적으로 높다. 기후 변화는 농작물 생육대를 변화시켜 생태계를 파괴하고 있으며 사람들은 각종 전염병, 질병으로 고통 받고 있다.

세계 사회의 문제점은 글로벌 협력이 필요한 이슈와 개별 사회가 갖고 있는 이슈로 구분하여 파악할 필요가 있다. 글로벌 이슈는 지구 온난화와 같은 기후 변화, 세계 경제의 어려움에 따른 보호 무역 등장, 글로벌 테러 등이 있으며 개별 사회 이슈는 교통, 환경, 에너지, 수자원 등 인프라 문제와 소득불균형, 고령화, 저출산, 범죄, 자연재해, 산업쇠퇴, 청년실업, 일자리 부족, 신산업 부재 등이 있다. 개별 국가들은 국가 경쟁력 강화를 위하여 다양한 사회 이슈 해결에 국가의 명운을 걸고 있다.

도시와 IT, 새로운 해법을 모색하다

디지털 혁명 시대와 더불어 인류는 아날로그 시대에서 디지털 시대로 혁신적 변화를 시작한다. 인류는 인터넷을 통하여 거미줄처럼 촘촘한 글로벌 연결 체계를 만들고 사람을 위한 PC 중심의 인터넷에서 사람, 사물, 모바일 기반 인터넷 체계로 진화 발전하고 있다. PC의 용도는 워드, Spreadsheet 등을 활용한 텍스트 정보 생산 중심에서 멀티미디어 등 다양한 정보 생산, 검색, 활용 등 다양한 용도로 확대 적용되고 있다.

TV, 라디오, 전화, 카메라 등 전통적인 아날로그 장비들은 디지털 기기로 혁신되었다. 디지털 기기는 영역 간 구분 없이 **One Device** 즉, 스마트폰과 같은 통합형 기기로 발전하고 있다. TV, 라디오, 전화, 카메라, 내비게이션, MP3, 캠코드, 게임기, 노트북 등은 One Device인 스마트폰으로 통합되어 사람들의 생활을 혁신적으로 변화시켰다.

향후, 공간 내 고정된 개별 디지털 디바이스는 이동용 통합기기인 스마트폰과 같이 PC, TV, 홈네트워킹, 라디오, 인터넷용 모뎀과 공유기 등 집안의 디지털 기기들을 통합한 새로운 One Device가 탄생할 것이다. 냉장고와 기능이 특화된 냉장기기, 에어콘, 난방기, 공기청정기, 정수기, 가스레인지, 전자레인지, 오븐, 살균기, 전동 칫솔 등 아날로그 기기는 디지털로 진화할 것이다. 개별 영역별 기기들 중심의 가전제품은 영역 간 경계가 없어지고 기능적으로 통합된 새로운 가전의 영역을 만들어 지고 있다. 디지털 가전은 스마트폰 등 스마트 기기를 통하여 통합, 제어되고 있다.

침대를 포함한 가구 등은 영원히 아날로그로 머무를 것인가? 인체 감응 센서를 장착한 침대는 통합형 디지털 디바이스와 인터넷으로 연결하여 잠을 자기 위한 단순 용도에서 사람들의 건강에 가장 중요한 요소인 잠과 건강 관리를 연결하는 새로운 디지털 디바이스로 발전할 것이다. 온도, 습도, 재고 관리 센서 등을 장착한 가구들 역시 통합 디바이스와 연결되어 단순 수납용 공간에서 의류의 상태를 최상으로 관리하고 재고를 관리하는 새로운 형태의 디지털 기기로 진화할 수밖에 없는 시대적 상황이 될 것이다.

디지털 시대를 향한 인류의 항해는 스마트폰의 개발과 보급으로 한 단계 진화할 것이다. 인류는 자신들이 만든 아날로그 인공 피조물을 디지털로 진화시키고 네트워크를 통하여 인터넷으로 연결하는 새로운 **사물 인터넷 시대**를 열어 갈 것이다.

인류의 생활은 디지털을 통하여 똑똑해지는 스마트 라이프 시대로 진입하였다. 인류의 생활 기반인 도시도 디지털 기술을 통하여 진화 발전하고 있다. 도시는 고정된 무생물이 아니라 자연 환경과 인공 환경 등 환경과 사람, 생물이 조화롭게 함께 살아가는 생명 유기체이다. 탄력적 생명 유기체는 생로병사, 희로애락 등을 겪을 수밖에 없으며 병을 예방하고 치료하며 자연 치유될 수 있는 힐링 시스템을 갖출 것이다.

앞서 언급한 바와 같이 현대 도시는 범지구적으로 해결해야 할 글로벌 이슈와 도시 경쟁력 강화를 위하여 개별 도시 차원에서 해결하여야 할 도시화 문제를 안고 있다. 초기 도시는 자연발생적이며 소규모였으나 산업혁명과 더불어 진화 발전한 현대도시는 인공적이며 대형도시인 Metropolitan 형태로 변화되고 있다.

인류가 인공적으로 만든 거대 도시는 기존 도시에 물리적 확대를 통하여 진행되었으므로 도시 수요 예측의 어려움, 과학기술 발전과 도시 공간의 연관성에 대한 지식 부족, 도시 공간에 대한 사람들 니즈 파악의 어려움, 산업 발전 방향의 예측 미흡, 빠른 기술 발전 속도, 글로벌화 가속, 디지털 기술과 인간 생활 및 Governance와 관계 설정 어려움 등을 겪고 있다. 도시는 필연적으로 병이 생길 수밖에 없으므로 이를 치료하거나 자동으로 치유하는 힐링 시스템을 갖추어야 할 것이다.

전통적인 공간 중심의 아날로그 방식 도시 개발과 도시 운영 방식으로 다양한 이슈를 해결할 수 있을까? 3차 산업혁명 이후 발생한 교통, 환경, 안전, 재난, 산업화 이슈 등은 분리된 문제가 아닌 복잡한 상호 연계성의 특성을 띄고 있다. 물리적 공간의 현대화와 인간의 지능에 의지하는 아날로그 방식으로는 해결할 수 없게 되었다.

예를 들어 교통 문제는 환경오염 등과 같은 환경 문제와 연결되며 환경오염과 지구온난화는 재난을 일으키며 이와 같은 환경오염과 교통 이슈는 산업 패러다임에 영향을 주는 상관성을 갖고 있는 것이다. 이와 같은 상호 연관성과 복잡성은 인간의 두뇌가 아닌 PC, 인터넷과 같은 디지털 혁명 시대의 디지털 기술로 해결 가능한 시대가 되었다.

도시 이슈의 치료와 힐링 시스템 구축은 앞 절에서 언급한 디지털 혁명 시대의 글로벌, 통합, 정보, 연계, 참여형, 집단지성, 공유 경제, O2O 등 핵심 키워드와 플랫폼, IoT, Cloud Computing, Big- Data, AI, VR(Virtual Reality) / AR(Augmened Reality) 등 ICT 기술을 활용하여 도시가 갖고 있는 글로벌 이슈와 개별 도시 이슈를 해결할 방안을 찾을 필요가 있다.

이와 같은 현상으로 도시와 ICT가 결합한 새로운 도시 패러다임인 유비쿼터스 도시(U-City, Ubiquitous City), 스마트 도시(Smart City)가 탄생한다. U-City와 Smart City는 동일한 개념이나 글로벌성에서 인지도가 높은 **Smart City**로 명칭하기로 한다.

그동안 도시 모델은 공간 중심의 물리적 모델인 아날로그 방식이었다면 Smart City는 기존 아날로그 기술을 지능화하여 도시를 관리하는 새로운 디지털 도시 모델이다. 초기 단계의 Smart City는 City가 중심이 아닌 Smart화에 대한 Digital 기술 적용, 기술의 최신성 등 교통 정체, 범죄 등 제한된 분야의 사회적 이슈 해결을 위한 기술 중심이었다.

사람들의 생활에 혁신적 변화를 가져오는 수준의 혁신성은 없었으나 기술 발전, 적용 분야 확대, 기술 적용 중심에서 사회 이슈의 적극적 해결 등으로 패러다임이 전환되고 있어 Smart City는 디지털 혁명 시대의 새로운 도시 모델이 될 것이다. 개인과 기업이 주도하여 사람들의 생활을 편리하게 하고 새로운 모습으로 변화시키는 Smart Life는 행정과 IT 기술이 결합되어 도시를 혁신시키는 Smart Governance와 연계되어 사람들의 생활은 더욱 편리해질 것이다.

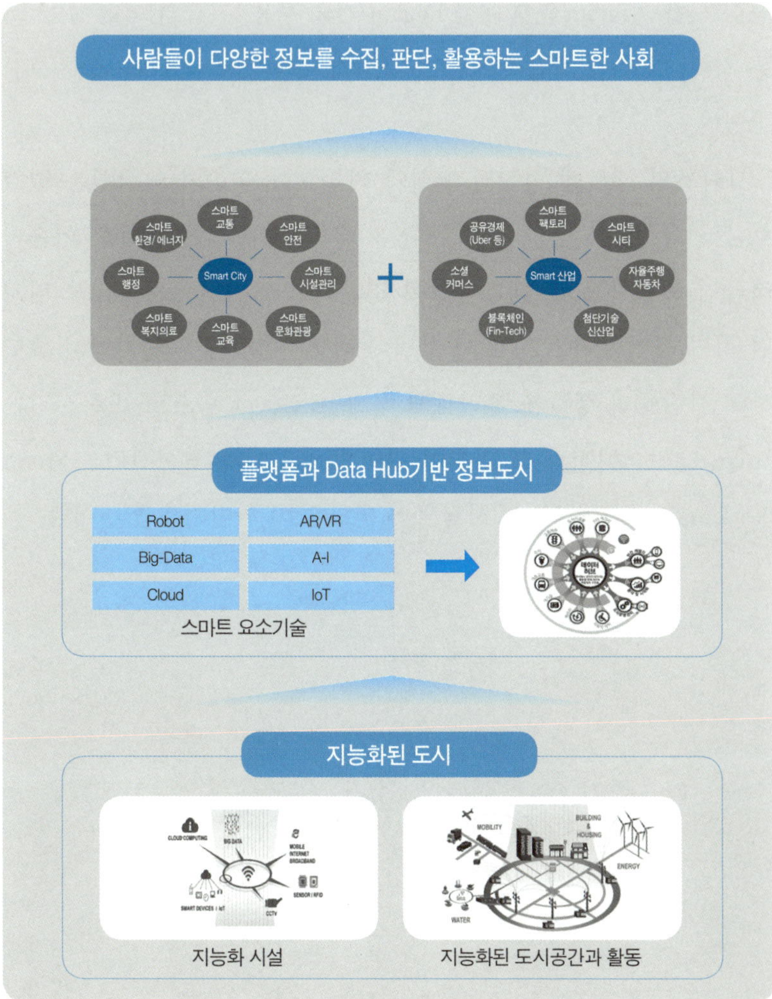
사람들이 다양한 정보를 수집, 판단, 활용하는 스마트한 사회
Smart City
스마트 교통
스마트 안전
스마트 시설관리
스마트 문화관광
스마트 교육
스마트 복지의료
스마트 행정
스마트 환경/에너지
+
Smart 산업
스마트 팩토리
스마트 시티
자율주행 자동차
첨단기술 신산업
블록체인 (Fin-Tech)
소셜 커머스
공유경제 (Uber 등)
플랫폼과 Data Hub기반 정보도시
Robot
AR/VR
Big-Data
A-I
Cloud
IoT
스마트 요소기술
지능화된 도시
CLOUD COMPUTING
BIG DATA
MOBILE INTERNET BROADBAND
SENSOR / RFID
CCTV
SMART DEVICES / IoT
MOBILITY
BUILDING & HOUSING
ENERGY
WATER
지능화 시설
지능화된 도시공간과 활동

〈 스마트 도시 구조도 〉

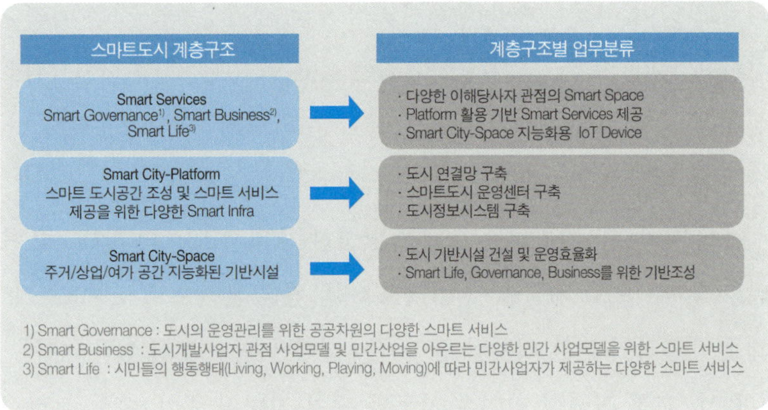

〈 스마트 도시 계층 구조 〉

교통과 디지털의 만남 - 스마트 교통

경제 성장은 과학기술의 발전과 함께 교통수단의 변화를 가져온다. 인간은 이동을 위하여 도보, 자전거, 모터바이크, 자동차 등으로 빠르게 변화하고 있다. 세계 각국은 경제 수준에 따라 교통 체계도 점진적으로 자동차 중심으로 바뀌고 있다.

앞서 베트남 사례에서 언급한 바와 같이 교통수단이 움직이기 위한 물리적 도로는 경제 성장에 따라 탄력적으로 확대하기는 어렵다. 도로 주변에는 주택, 상업 시설 등 다양한 사유 재산 시설이 이미 자리잡고 있어 이들을 수용하여 물리적 도로를 확장하는 것은 어려울 수밖에 없다. 또한, 경제성장의 최종 목표를 10년, 20년, 30년 뒤로 설정한다 하더라도 도시는 수십 년 수준의 단기가 아니라 수백 년, 수천 년 이상 존속하는 반영구적 공간이라 할 수 있다.

이에 따라 도시 내 교통 문제는 단순한 물리적 도로의 확대, 즉 아날로그 방식으로 해결할 수 없다. 그렇다면 근본적으로 도시교통 문제를 해결하기 위한 디지털 방식의 해결책은 어떤 것이 있을까?

우선, 교통 정체의 원인은 자동차 수의 절대적 증가, 운행 차량의 증가, 특정 시간대 쏠림 현상, 주차를 위한 서행운전, 교통사고 및 공사 등과 같은 돌발상황 등이라 할 수 있다. 자동차의 운행 증가와 서행운전에 따른 비효율성은 대기오염, 미세먼지 발생 등 다양한 환경 문제를 유발한다.

교통 문제의 해결은 환경 문제와 기후 변화를 예방하는 해결책이라 할 수 있다. 교통 문제와 환경 문제를 해결하기 위해서는 근본적으로 자동차의 운행을 억제할 필요가 있다. 경제 성장과 함께 증가하는 자동차의 유형을 보면 초기는 일을 위한 수단 즉, 화물용 위주로 증가하나 시간이 지남에 따라 자가용 위주로 빠르게 증가한다. 또한 화물차량의 경우 지역 간, 생산지와 사용지 간 등 원거리 운송용이며 교통이 막힐 경우 운행 차량이 적은 야간 시간대에 이동 등으로 해결할 수 있다. 하지만 교통 정체의 가장 큰 원인이 되는 자가용의 증가는 시간대를 분산시켜 운행을 제한하는 것은 어렵다.

교통 지 · 정체의 가장 큰 원인은 자가용이라 할 수 있다. 자가용은 1인 탑승의 특성을 갖고 있으며 많아야 2인이다. 베트남의 경우 자가용 1대의 점유 공간이 오토바이 8대에 상응하는 공간을 점유하게 되며 단순 계산상으로도 물리적으로 해결하기 위해서는 8배의 추가적 도로 건설이 필요하다는 결론이 나온다. 8배의 점유공간을 다시 1/8배 수준으로 줄일 수 있는 방법이 해결책일 것이다. 앞으로 과학기술이 발전하여 하늘을 나는 자동차가 발명되고 8개 층으로 나누어 운행할 수 있다면 가장 좋은 해결책이 될 수 있을 것이다.

그러나, 현대의 기술로 이들이 상업성과 제도적 기반을 갖출 때까지는 상당한 기간이 소요될 것으로 예상된다. 그래서 대부분의 국가에서 선호하는 방식은 버스, 지하철, 모노레일 등 다양한 대중교통 체계의 도입이다. 출퇴근 시간대 버스, 지하철 등 대중교통은 오토바이 등의 가장 효율적인 개인 교통체계보다 최소 2배 이상의 수송 능력을 갖고 있다. 지하철은 기존에 없던 물리적 도로를 지하에 확충하는 개념이므로 도로를 이용하는 교통수단보다 교통개선 효과는 더욱 높다.

대중교통이 성공적으로 정착하기 위해서는 기존 자가용 운전자를 대중교통 이용객으로 흡수하는 것이다. 대중교통은 원천적으로 자가용 대비 접근성, 불편함, 대기 시간, 소요 시간, 개인 안전 등에서 불리한 점을 갖고 있으나 저비용의 장점을 갖고 있다. 대중교통 활성화를 위해서는 강점을 강화하고 불리한 점을 최소화하며 교통지 · 정체에 따른 정시 도착성을 보장하는 것이다.

주요 대중교통 활성화 전략으로는 첫째, 지하철, 경전철, 버스, BRT(Bus Rapid Transition), 마을버스 등 대중교통 체계를 다양화하여 그물망 체계를 구축하고 대중교통 체계 간 및 대중교통별 환승 체계 등을 종합적으로 연결하여 물리적 접근성 강화, 소요시간 최소화, 낮은 교통요금 체계를 유지하여야 한다.

둘째, 대중교통 체계 간 환승과 현금 요금 지불에 따른 대기시간을 줄일 수 있는 교통카드 시스템을 도입하여 대중교통 이용객에게 대한 편의성 강화, 경제적 혜택 등을 제공할 필요가 있다.

셋째, 비행기, 철도, 고속버스, 지하철, 모노레일, 시내버스 등 광역 교통과 시내 교통을 종합적으로 분석하여 최적의 교통수단을 안내하는 대중교통 이용자 안내 App을 도입하여 수요자의 선택권을 높여 대중교통 접근성과 정시성을 높일 필요가 있다.

대중교통 App은 스마트폰 내비게이션을 통하여 실시간 정보 기반으로 서비스 되어야 하며 비행기, 철도와 같이 사전 예약이 필요한 경우 자동 예약 및 결제, 스마트폰에 내장된 교통 카드 기능, 광역 교통과 시내 교통수단을 비교 분석한 최적의 교통수단 안내를 통하여 소비자 선택권을 보장하여야 한다.

예상 소요 시간, 목적지 도착 시간을 고려한 출발 시간 안내, 환승 정류장 및 환승 버스 도착 알림, 자가용 등 타 교통수단과 대비한 경제적 효용성 비교, 해당 교통편의 탑승 승객 수, 교통 약자를 위한 지하철 내 이동 경로 안내 기능 등 다양한 정보를 제공하여 편의성을 높임으로써 자연스럽게 대중교통 이용객으로 흡수할 수 있도록 할 필요가 있다. 특히 자가용과 경제성을 비교할 경우 자동차의 감가상각, 주차요금, 보험, 연료 사용량 등의 비용 요소와 시간 요소를 상호 비교하여 제시할 필요가 있을 것이다.

넷째, 자가용을 이용할 경우 환경오염, 교통 정체, 도로 및 주차장 건설, 교통 지 · 정체에 따른 사회적 손실 등이 발생하므로 대중교통 이용자를 위한 다양한 혜택이 필요할 것이다. 예를 들어 교통카드에 기록된 대중교통 이용 실적에 따라 세금 및 자동차 보험료 감면, 환경오염 예방에 따른 환경 포인트 지급, 환경 포인트와 연계한 전기료 연동 등이 있을 것이다.

다섯째, 대중교통 승차장별 이용 시간별 승객 이용수를 고려한 버스 추가 확보, 신규 노선 확보, 기존 노선 변경 등 대중교통 개선책을 마련할 수 있도록 교통 Big-Data 의사결정 체계를 구축하여 변화하는 교통상황에 선제적으로 대응하여야 한다. 이와 같은 차별화 전략을 통하여 사람들을 점진적으로 자가용 중심에서 대중교통 중심으로 전환하는 정책을 추진하는 것이 도시 교통문제를 해결하는 가장 좋은 방법일 것이다.

도시의 교통 지·정체는 지속적으로 진행되는 것이 아니라 출퇴근 시간대에 집중되는 현상을 갖고 있다. 이를 해결하기 위해서는 근무 시간의 분산화 전략과 자가용 출퇴근 차량의 최소화 전략 등 다양한 방법을 병행해서 해결하여야 할 것이다.

근무 시간 분산화 전략은 재택 근무 등의 활성화가 가장 효과적인 방법이나 재택 근무 등의 업무 효율성 등이 검증되지 않았으며 재택 근무를 수용할 수 있을 정도의 세계 사회 시스템이 성숙되지 않았다. 따라서 재택 근무와 같은 근무 시간 분산화 전략은 업무의 재조정 등을 통하여 회사 또는 재택 근무의 업무 효율성이 동일한 것으로 검증되는 업무 영역부터 선별적으로 적용하여 단계적으로 확대하는 것이 바람직할 것이다.

출퇴근 시간대 자가용 운행을 최소화 하는 전략으로 Uber, Airbnb와 같은 공유 경제 패러다임과 유사한 카풀 App을 도입하는 것이다. 그 동안 카풀 시스템은 주로 차량을 보유한 운전자끼리 교대로 운전하는 시스템이거나 차량을 보유한 운전자와 회사 내 동료 또는 동일 지역으로 출퇴근하는 지인들 등으로 범위가 한정되었다. 출퇴근 시간의 불일치, 과금의 어려움, 구성원 간 약속 어김 등으로 초기에는 카풀을 시작하나 지속적으로 운영되기는 어려웠다.

디지털 혁명 시대의 새로운 패러다임인 공유 경제, 글로벌, 실시간, 정보 등을 활용할 필요가 있다. 카풀의 성공적 정착을 위해서는 정당한 과금 체계, 실명 인증 및 차량 안정성 보증 등을 통한 안전 확보, 다양한 운전자와 탑승자 간 실시간 연결성, 언제 어디서나 탑승할 수 있는 접근성 및 편리성 등을 확보하여야 한다. 또한 지역, 국가 또는 글로벌 범위로 확대된 새로운 형태의 글로벌 카풀 플랫폼 App 서비스가 활성화된다면 기존 자가용 운전자를 공유 자동차 체계나 대중교통 체계로 편입하여 자가용 운전을 최소화할 수 있을 것이다.

Uber는 차량을 소유한 운전자가 공급자로 참여하여 사람들에게 특정 목적지로 이동 서비스를 제공하는 제도권 내의 택시와 유사한 형태이다. 카풀은 차량을 소유한 출 · 퇴근하는 사람들이 공급자로 참여하여 자신들의 이동경로 내에 있는 수요자와 함께 이동함으로써 상대적으로 저렴한 요금으로 서비스가 가능한 Part Time Job이라 할 수 있을 것이다. 또한 글로벌 카풀 App에 장거리 이동 기능까지 추가한다면 저렴한 요금을 기반으로 출퇴근 이동수단을 뛰어넘어 전 세계를 어디서나 원하는 곳에 이동할 수 있는 새로운 형태의 글로벌 공유경제 기업이 탄생할 수 있지 않을까?

주정차를 하는 운전자는 주차장을 찾기 위하여 서행하거나 일시적인 정차 등 교통소통 흐름을 방해하게 되며 교통정체의 약 30% 이상이 이로 인해 발생한다는 이론도 있다. 세계 각 국가들은 상업 지역 내 차량 진입을 최소화하기 위하여 주차장을 최소화 하거나 주차요금을 높이는 전략을 사용하고 있으나 불법 주정차, 주차를 위한 자동차들의 반복적 이동 등에 따른 교통 지 · 정체 증가, 주차장 협소에 따른 상가 위축 등 다양한 문제점이 나타나고 있다.

이들을 위한 원칙적 해결 방법은 카풀, 대중교통, 택시 등 자가용 이외에도 다음날 또는 당일 출퇴근이 쉬운 교통 체계를 구축하는 것이며 부차적으로 기존 주차장을 효율적으로 활용하는 것이다.

카풀과 대중교통은 앞서 설명하였다. 제도권내의 개인용 대중교통수단인 택시의 활용성을 높이는 방법을 기술하고자 한다.

Uber가 개인 자가용 차량의 운송 서비스 글로벌 App이라면 택시 App은 기존 제도권 내의 택시 콜서비스라 할 수 있다. 그동안 택시는 전화로 호출하거나 승강장 정차 택시 또는 이동 중인 택시를 탑승하는 아날로그 방식이었다. 이로 인하여 택시는 한 차선을 점령하여 제2의 교통체증을 유발하고 치안의 위험성과 요금의 불투명성, 고비용, 현금 결제 중심, 불편한 접근성, 운전자의 불친절 등 다양한 원인으로 인하여 대중교통 체계 측면에서는 실효성이 낮다고 할 수 있다.

그렇다면 택시는 디지털 혁명 시대에 맞춰 제4차 산업혁명 시대에 맞는 산업을 만들고 교통문제를 해결하는 방법은 어떤 것이 있을까?

대표적인 콜택시 서비스로 대한민국의 카카오 택시, 동남아의

Grap Taxi App 등이 있다. 전통적인 콜택시는 다수의 서비스 사업자간 상호 연계가 되지 않아 승객이 몰리는 시기는 택시 부족 현상이 발생하고 있다. 카카오, Grap Taxi 등은 국가 전체를 단일 플랫폼에 연결함으로써 승객 밀집 시간 대 택시 부족 문제를 어느 정도 해소할 수 있었다.

승객들은 스마트폰 App을 통하여 지도 기반으로 택시를 호출하면 탑승 가능한 가장 가까운 택시가 지정되어 도착 예정 시간과 현재 위치가 스마트폰 App에 나타난다. 승객이 탑승하면 탑승 정보를 보호자에게 보내 치안 위협을 최소화하였다. 도착하면 신용카드로 결제가 가능하며 또한 승객이 운전자를 평가하도록 하여 운전자와 승객간의 문제점을 최소화하도록 하였다.

운전자는 운전자 드라이브 App을 설치하고 택시콜 서비스에 가입하면 공급자로 참여할 수 있다. 하지만 택시콜 서비스 플랫폼 사업은 지역 또는 국가 단위의 소규모 서비스로 한정되어 있어 성장성에는 한계가 있다.

택시콜이 제4차 산업혁명 시대의 Uber와 같은 새로운 산업으로 성장하기 위해서는 글로벌 체계를 갖추어야 한다. 오랫동안 제도권 내에서 유지되어온 택시는 수익성이 악화되고 있다. 안정성 검사, 휴무일 준수, 세금 납부 등 각종 규제를 받고 있으나 자가용 차량으로 운행되는 Uber는 이와 같은 규제를 받지 않고 택시의 장점만 갖고 있는 시스템으로 탄생하였다.

기존 택시 업계 입장에서는 추가적인 경쟁자가 출현하여 수익성이 악화되는데 기존 제도권의 법적 논쟁이 발생하는 것은 당연한 것 아닐까? Uber가 만들어지기 전에 글로벌 택시콜 서비스가 우선 시행되고 다음으로 Uber가 시행되는 것이 순서가 아니었을까 생각한다.

글로벌 택시콜 서비스가 Uber에 대응하는 새로운 서비스로 탄생하기 위해서는 다음의 몇 가지를 갖추어야 한다.

첫째, 택시 App은 세계 전체 즉, 글로벌 서비스가 가능한 체계를 갖춘 공급자와 수요자를 연결하는 플랫폼을 만들어야 한다. 세계가 글로벌화되어 감에 따라 전 세계로 여행하는 여행객의 숫자는 상상도 할 수 없을 만큼 증가하고 있다. 이들은 하나의 App으로 모든 서비스를 받기를 원하지 지역별, 국가별 App을 별도로 설치하는 것을 원하지 않는다.

유사 사례를 보면 신용 카드 사업자가 증가함에 따라 사람들은 지갑 속에 많은 카드를 소지하였으나 실질적으로는 1 ~ 2개 카드만 사용하고 있다. 신용 카드 업계는 지갑 속에 살아남는 1 ~ 2개 카드에 포함되기 위하여 치열한 경쟁을 하게 되었으며 이들 중 몇몇 카드 회사는 파산하였다.

둘째, 모든 택시콜 서비스는 스마트폰과 위치 정보를 기반으로 공급자와 수요자를 연결하는 플랫폼 체계를 갖추어야 한다. 수요자가 택시 호출시 목적지를 입력하면 탑승 가능한 가장 가까운 곳에 위치한 택시가 지정되고 해당 택시의 위치 정보 및 이동 정보, 택시 도착 예정 시간, 운전자 정보 등을 제공하여 접근성을 강화해야 한다.

셋째, 공급자가 부당한 요금을 청구하지 않도록 미터기 사용을 의무화하고 내비게이션 기반으로 최적 경로로 이동하도록 하여 수요자의 불신을 최소화하여야 한다. 세계적인 관광 도시인 말레이시아 쿠알라룸푸르는 과거에 택시들이 미터기를 사용하지 않고 과다 요금을 요구하는 사례가 일반적이었다. 하지만 지금은 공항에서 목적지 이동시 사전에 쿠폰을 발행하여 정액 요금을 납부하는 쿠폰 택시를 운영하여 과당 요금 청구와 요금을 추가로 받기 위하여 멀리 돌러가는 문제점을 해결하였다.

이와 같이 전통적인 아날로그 방식은 쿠폰 발행을 통한 정액제 방식이었다면 디지털 방식은 스마트폰을 통하여 해당 국가별 택시 요금 체계와 연동하여 과금을 하고 내비게이션을 통하여 최적 경로를 선정하고 운행하는 방식으로 해결할 수 있을 것이다.

넷째, 택시콜 서비스는 승객 안전을 보호하기 위하여 택시 승객과 보호자 간 이동 위치 정보 공유 등 다양한 안전장치를 마련해야 한다.

다섯째, 택시콜 서비스는 운전자의 불친절, 부당한 금액 요구 등을 필터링하기 위하여 탑승자들이 참여하는 평가 시스템을 통하여 문제 있는 운전자를 공급자에서 제외시켜 공급자의 신뢰성을 확보할 수 있도록 하여야 한다.

여섯째, 카드 결제 및 사이버 머니 등 다양한 결제 체계, 예약 콜 서비스, 예상 소요 시간 및 비용, 수요자가 원할 경우 동일 경로 내 합승을 통한 택시비 할인 정책 등 다양한 부가 기능을 제공하여 수요자의 편의성을 강화하고 택시 요금 할인 정책을 제시할 수 있어야 할 것이다.

이와 같은 다양한 기능을 갖춘 글로벌 택시콜 서비스는 도시의 교통문제를 해결하는 솔루션이자 4차 산업혁명 시대의 새로운 Online to Offline(O2O) 글로벌 비즈니스 모델이 될 수 있을 것이다.

앞에서 자가용 운전을 최소화하여 교통 문제를 해결하는 방식을 제시하였다. 이제 주차장과 도로의 효율적 활용을 통하여 교통 문제를 해결하는 디지털 방식을 제시하고자 한다.

자동차는 특정 목적지에 도착하면 주차장에 주정차를 할 수밖에 없다. 특정 목적지는 사람들이 많이 모이는 곳이 대부분으로 항상 주차장 부족 문제를 겪을 수밖에 없으므로 물리적 주차장 확대 방식으로는 해결할 수 없다. 아날로그 시대의 운전자는 주차장을 찾기 위하여 직접 운전하여 방문하고 주차 여유 공간이 있는지 확인하고 없으면 새로운 주차장을 찾으러 다시 운전해야 한다.

선진국의 경우 불법 주정차에 대하여 엄격하며 높은 과태료를 부과하여 다운타운으로 차량 진입을 억제하는 정책을 사용하고 있다.

개발도상국은 과태료를 부과하는 정책적 수단이 없어 시내 교통 체증은 심할 수밖에 없다. 그렇다면 디지털 시대는 어떤 방식으로 해결할까?

디지털 시대의 핵심은 정보이다. 주차장 위치, 실시간 주차 가능 공간, 요금 등의 개별 주차장 정보는 스마트폰의 내비게이션이나 전용 주차장 App을 통하여 운전자에게 제공되고 운전자는 목적지에 가장 가깝거나 저렴한 주차장을 찾아 주차함으로써 도로상의 불필요한 이동을 최소화할 수 있을 것이다.

내비게이션과 연동한 주차장 App은 글로벌 플랫폼을 기반으로 스마트폰을 통하여 공급자와 수요자를 연결하는 체계를 갖추고 실시간 주차 가능 정보와 정보의 정확성을 유지하여야 한다. 이와 같은 체계가 구축되기 위해서는 글로벌 주차장 App 플랫폼 사와 주차장 공급자간 약속 즉, 규약이 선행되어야 한다. 주차장 공급자는 IoT 기술이 탑재된 주차 관제 시스템을 통하여 실시간 주차 정보를 수집할 수 있는 체계를 갖추어야 한다. 플랫폼 사는 개별 주차장을 연결하여 실시간 주차장 정보를 수집하는 규약을 만들고 실시간 글로벌 주차장 정보를 연결하는 체계를 갖추어야 한다.

이와 같은 글로벌 체계가 갖추어지면 플랫폼 사는 실시간 주차 가능 정보, 시간대별 주차장 여유 공간 통계 정보, 자동 결제, 주차장 예약 기능, 주변 주차장 요금, 내비게이션이 탑재된 경로 안내 기능,

예상 소요 시간 등 주차장 본연의 기능과 내비게이션 기능이 탑재된 App을 개발할 필요가 있다. 스마트폰 기반 플랫폼은 공급자와 수요자를 연결하는 새로운 O2O 글로벌 Business 모델이 탄생할 수 있을 것이며 물리적 주차장의 효율적 활용을 통한 새로운 교통문제 해결의 해법이 될 수 있을 것이다.

개발도상국의 경우 증가하는 자동차 수에 비해 물리적 도로의 절대적 부족이 현실이나 이마저도 효율적으로 사용되지 않는 문제점을 안고 있다. 불법 주정차는 물리적으로 1차선을 없애는 결과를 가져오며 응급차량 체계가 잘 갖춰지지 않은 국가의 경우 교통사고는 도로 자체를 마비시키기도 한다. 그 나라의 교통체계는 국가 경쟁력, 행정의 효율성, 국민성 등을 종합적으로 볼 수 있는 집합체이다.

교통의 효율성은 도로, 대중교통의 다양성 등의 물리적 요소와 교통 카드, 중앙 차로제, 환승, 단속 시스템 등 다양한 체계의 결과물이다. 물리적 효율성은 광역 도로와 내부 도로 구조, 과학적 도로 시공, 지하철 역사 위치, 지하철 노선, 버스 정류장과 노선, 고속철도 등 종합성 입장에서 접근해야 한다. 그리고 무엇보다 물리적으로 잘 갖춰졌다 하더라도 운영, 즉 소프트웨어가 문제라면 자신의 능력을 100% 발휘할 수 없다. 운영과 물리적 효율성을 강화할 수 있도록 디지털 기술을 활용하여 계획, 시공, 피드백의 사이클을 유지하여야 한다.

말레이시아 쿠알라룸푸르의 교통은 아침부터 밤까지 지속적으로 막히는 고질적인 문제를 안고 있다. 시내버스, 지하철, 철도, 고속버스, 교통 카드 시스템 등 다양한 대중교통 체계와 도로 및 지하철 노선 확장 등 물리적 개선 등 다양한 정책을 추진하고 있으나 교통 체증은 줄지 않고 있다.

2017년 쿠알라룸푸르에서의 경험이다. 쿠알라룸푸르에서 약 320Km 떨어져 있는 조호바루(Johor Bahru)까지 약 7시간이 걸렸다. 3시에 출발하기로 했던 고속버스가 4시에 출발한 것을 고려하면 시간상으로는 약 8시간이 걸렸다고 해야 할 것이다. 고속도로에 오토바이와 자동차가 함께 주행하고 있었으며 갓길은 오토바이가 운행하고 본 차선은 자동차가 운행하는 것처럼 보였다. 차량 사이의 간격은 5 ~ 10M 정도를 유지하며 다른 자동차가 끼어들 공간을 주지 않고 있어 자칫 대형 추돌 사고의 위험성을 내포하고 있었다.

도로가 막히자 본 차선을 운행하고 있던 차량들 중 얌체 운전자들은 갓길로 운행하기 시작했으며 갓길에는 오토바이 운전자가가 안전삼각대를 설치하고 휴식을 취하고 있기도 했다. 차량 간 간격이 좁아 갓길로 운행하던 자동차는 무리하게 끼어들기를 할 수밖에 없었으며 이로 인하여 정체구간이 10Km이상씩 몇번을 서고 가고를 반복하였다.

말레이시아의 고속도로는 물리적으로 왕복 6차선 또는 4차선 이상의 광역 고속도로를 갖추고 있음에도 평균 시속 60 ~ 70Km의 속도였다. 이를 100Km를 기준으로 환산하면 물리적 용량의 약 60 ~ 70%만 사용하고 있는 것이다. 이와 같이 물리적 도로의 확장 못지않게 중요한 것이 운영의 효율성이다. 그리고 이는 운전자의 운전 습관 개선과 갓길, 주정차, 속도 등 다양한 단속 시스템을 통해 개선해야 할 것이다.

도로의 효율적 활용을 위해서는 교통 지정체가 발생하는 원인을 정확하게 파악할 수 있어야 한다. 통신망에 이상이 있는지 파악하기 위한 **Network Analyzer**라는 진단 툴이 있다. 이 진단 툴은 통신망에 움직이는 모든 데이터(패킷)에 대한 시작점과 목적지, 데이터 유형(멀티미디어, 음성, 이메일, 웹 서핑 등), 데이터 크기 등을 실시간으로 분석하여 네트워크 트래픽을 분석하고 종합적 해결책을 제시한다. 교통에도 이와 같은 툴이 절대적으로 필요할 것이다.

툴이 정상적으로 동작하기 위해서는 실시간으로 도로 구간별 유입, 유출 차량 현황, 차량 유형 등 교통량 분석에 필요한 정보를 수집할 수 있는 교통 IoT 체계와 이들 정보를 활용하여 교통 이슈의 원인과 해결책을 제시할 수 있는 교통 Big-Data 분석 체계를 도입하여야 할 것이다.

대부분의 국가의 경우 교통정보 수집을 위하여 수조원 이상의 막대한 비용을 투입하고 있으나 원인 진단에 필요한 충분한 IoT 센서를 설치하지 못하고 있는 것이 현실이다. 그러나 이와 같은 교통 정보 수집에 별도의 비용을 투자하지 않고 충분한 교통정보를 수집할 수 있는 국가가 있다. 이 국가는 모든 차량에 GPS 탑재를 의무화하여 차량의 위치 정보를 실시간으로 파악할 수 있을 뿐만 아니라 도로 구간 내 이동하는 차량의 숫자를 정확하게 파악할 수 있는 체계를 갖추고 있다. 물론 이와 같은 형태의 정보 수집은 가장 완벽한 방법이긴 하나 개인 정보 보호의 문제점을 안고 있다.

교통 지 · 정체의 원인이 파악되면 갓길, 주정차 위반 단속 CCTV, 교통량 분산을 위한 실시간 교통량 기반 내비게이션, 사고에 신속한 대응을 위한 응급차량 출동 체계, 실시간 신호 제어 등 다양한 정책적 시도를 통하여 도로의 효율을 물리적 용량 이상으로 향상 시킬 수 있을 것이다.

산업혁명 시대의 대량생산, 대량소비는 글로벌 물류 이동을 확대시켰고 자동차의 발명과 함께 도시 교통은 세계적으로 이슈가 되었다. 2015년 기준 세계 신규 자동차 판매는 약 8,700만대로 매년 지속적으로 증가하고 있으며 특히 경제 발전과 함께 개발도상국의 자동차 증가는 두드러지고 있다.

글로벌 시대와 함께 인류의 국가 간 이동은 가속화되었으며 비행기, 자동차 등 교통 체계는 인류 생활의 필수 불가결한 수단이 되었다. 교통량의 증가로 발생하는 교통 문제는 글로벌 이슈가 되었으며 환경오염 및 기후변화 등에도 심각하게 영향을 미치고 있다. 이에 따라 각국은 비행기, 시속 300Km 이상의 속도를 내는 광역 고속철도, 고속도로, 지하철, 버스 등 물리적 인프라를 개선하고 디지털 기술을 활용하여 대중교통, 자가용, 택시 등 교통 수단과 도로, 주차장 등의 인프라를 효율화하여 교통 문제를 해결하기 위하여 노력하고 있다.

교통 이슈의 해결을 위한 노력은 새로운 산업 즉, 4차 산업혁명 시대의 새로운 Business Model이 발생할 수 있는 생태계가 만들어 지고 있다.

자동차 산업의 경우 환경 이슈 해결을 위하여 전기자동차, 수소자동차 등 **친환경 자동차 시대**가 도래하고 있다. 지금까지 아날로그 중심이었던 자동차 산업은 디지털 기술을 급격히 받아들이고 있다. BMW, 토요타, 폭스바겐 등 전통적 자동차 메이커 위주에서 구글, 애플, 테스라 등 IT 기업과 신생기업이 디지털 기술을 기반으로 자동차 산업을 혁신시키는 무인자동차 시대를 열어갈 준비를 하고 있다.

스마트폰을 기반으로 공급자와 생산자를 연결하는 플랫폼형 공유경제는 Uber를 탄생시켰다. 2017년 기준 추정되는 기업 가치는 약 680억 달러(약 77조원) 수준이다. 도시의 교통 문제를 해결하고 자동차를 자동화하기 위한 다양한 IoT 센서 시스템, Big-Data 분석 시스템 등 첨단 정보통신 산업이 교통 분야의 새로운 신산업으로 떠오를 것이다.

이외에도 카풀, 택시, 주차장, 자전거 등을 활용한 교통 O2O 신산업이 탄생할 것이다. 글로벌과 융합 트렌드에 따라 교통 산업은 여행, 디지털, 금융 산업 등과 결합한 융·복합 신산업이 생겨날 것이다.

글로벌 지구 환경보호를 위한 스마트 환경

제3차 산업혁명 이후 글로벌화와 세계 경제의 급속한 성장은 에너지 체계를 석탄, 석유 중심의 에너지원을 활용한 전기 에너지 체계로 빠르게 재편시키고 있다. 앞서 말한 바와 같이 선진국 공장의 개발도상국 이전은 환경오염을 전 세계로 확대하는 계기가 되었다.

환경오염은 국가 차원에서 글로벌 차원으로 확대되고 대기오염과, 오존층 파괴 등으로 인한 글로벌 기후변화는 빙하를 녹여 해수면을 상승시켜 다양한 대형 재난이 발생하고 있다.

선진국의 공장 이전과 함께 가장 수혜를 받은 중국은 제2의 경제대국으로 성장하였으나 미세 먼지, 스모그, 황사 등 다양한 환경오염 문제, 쓰나미 등 대형 재난, 호흡기 질환 등의 다양한 질병을 겪고 있다.

국제 에너지 기구에서 발행된 연구 보고서에 따르면 온실 가스 배출량의 약 2/3가 에너지 분야에서 발생하며 에너지 소비의 약 75%

를 화석연료가 차지하고 있다.

OECD 35개국은 발전량 2,164Mtoe(화석연료:약 62%), Non-OECD 국가는 발전량 2,978Mtoe(약 84%), 중국은 발전량 1,233Mtoe 중 석탄 발전이 약 84%를 차지하고 있다.

세계 평균 대비 OECD 국가는 상대적으로 원자력을 포함할 경우 비 화석연료 발전원이 약 38%로 높은 편이나 원자력을 제외할 경우 약 14% 수준이다. Non-OECD 국가 중 중국을 제외할 경우 총 발전량은 약 1,745Mtoe에 화석연료 발전이 약 82%를 차지하고 있으나 산업 발전이 늦어 인당 에너지 사용량이 매우 낮은 편이다.

미국을 제치고 세계 최대 전력 생산국이자 소비국인 중국의 노후화된 석탄 위주의 화력 발전은 중국의 미세 먼지와 대기오염을 일으키는 주요 원인이라는 것을 데이터가 증명하고 있다. 이와 아울러 경제 발전에 따른 급속한 자동차의 증가는 도시 내 대기환경 오염을 일으키는 주요 원인이 되고 있으며 인근 나라에도 영향을 주고 있다.

세계 인구 2위인 India는 총 발전량이 약 308.6Mtoe이며 이 중 석탄 발전이 약 81%를 차지하고 있다. 향후 경제 발전과 함께 전력 소모량이 증가할 경우 전 세계의 대기오염, 미세 먼지, 기후 변화 등은 심각할 것이다.

2008년 기준 전 세계 전력 소비량은 16,816Twh로 산업용 41.7%, 상업/공공용 23.4%, 가정용 27.4% 등을 차지하고 있다. 세계 제1

의 전력 소비 국가인 미국(3,814Twh)은 산업용 24%, 상업/공공용 35%, 가정용 36.2%이다. 2위인 중국(2,842Twh)은 산업용 67.8%, 상업/공공용 5.4%, 가정용 15.5%이다. 3위인 일본(964Twh)은 산업용 31.5%, 상업/공공용 36.4%, 가정용 29.8%를 사용하고 있다.

그 외 독일(526Twh)의 경우 산업용 46.1%, 상업/공공용 22.6%, 가정용 26.5%, 프랑스(433Twh)는 산업용 32.6%, 상업/공공용 25%, 가정용 35.9%, 대한민국(407Twh)은 산업용 51%, 상업/공공용 32.5%, 가정용 13.8%를 사용하고 있다.

산업용이 높은 국가는 자국 산업 또는 해외 공장 유치로 일자리가 풍부하다는 것을 알 수 있다. 미국, 프랑스 등의 국가는 해외 공장 이전으로 제조업 일자리가 부족하고 상업 · 공공용 전력 사용량이 높으므로 자영업 또는 관광산업 등 서비스업이 발달하였다고 유추할 수 있을 것이다.

또한 경제의 발전은 필연적으로 가정용 전력 사용량의 증가를 가져오므로 향후 중국, 대한민국 및 기타 개발도상국의 에너지 사용량은 지속적으로 증가할 수밖에 없을 것이다. 증가하는 에너지 사용량에 따라 석탄, 석유 중심의 발전 체계는 미세 먼지 등 대기 환경오염을 심화시킬 것이다. 또한 개별 탄소 에너지원 내연 기관을 활용하는 자동차의 증가와 도시 교통 정체에 따른 운행 시간 증가는 환경오염을 지속적으로 유발할 것이다.

석유화학 기술의 발달로 면, 실크, 펄프 등 고가의 천연원료 제품은 값싼 석유화학 제품으로 빠르게 대체되었다. 냉장고, 세탁기, 텔레비전, 에어콘, 온풍기 등 다양한 전자기기들의 주요 수요처는 선진국 중심이었다. 글로벌화와 세계 경제 발전으로 개발도상국의 수요는 빠르게 증가하고 있어 에너지 사용량 역시 지속적으로 증가할 것이다. 이에 따라 미래 환경 산업은 친환경 발전 및 전력 생산 효율화, 친환경 제품과 재활용, 저전력 전자기기, 친환경 자동차 등의 패러다임으로 빠르게 전환될 것이다.

에너지 기반 환경 이슈 해결 방안은 친환경 전력 생산 및 운영 효율화 등의 생산 부문과 고정된 공간의 전력 사용 효율 등의 사용 부문, 그리고 자동차와 같이 이동형 설비의 에너지 사용 효율화 및 친환경 에너지원 방향으로 추진될 것이다.

첫째, 전력 생산 부문은 기존 화석 에너지 중심의 발전 전략에서 태양광, 태양열, 풍력, 수력, 지열, 조력 등 친환경 에너지 체계로 전환될 것이다. 생산된 에너지의 효율적 공급을 위하여 ICT와 배전망이 결합된 스마트 그리드 시스템이 일반화될 것이다.

넓은 의미의 스마트 그리드 시스템은 위의 모든 부문을 포함하지만 공급자와 수요자의 역할에 따라 구분할 필요가 있으므로 공급자가 할 수 있는 영역인 에너지 공급 효율화 부문으로 한정하기로 한다. 스마트 그리드는 친환경 에너지원과 실시간 사용량에 따라 필요한 만큼의 전력을 생산하고 전력 수요에 따라 공간별로 전력을 탄력적으로 공급하는 지능형 전력망이다.

기존 전력 산업은 IoT, 공간 정보, Big-Data, AI(인공지능) 등 정보통신기술을 활용하여 실시간 전력 사용량을 기반으로 전력 생산과 공급을 관리함으로써 전력 생산 원가를 절감하고 불필요한 전력 생산을 최소화하여 환경오염을 최소화하는 전력 산업 고도화가 일어날 것이다. 이와 같이 디지털화된 기존 산업은 생산을 효율화하여 산업 경쟁력을 강화하고 환경 문제를 해결하는 방향으로 디지털을 도입할 필요가 있다.

둘째, 전력 사용 효율화 부문은 가정용, 공공 및 상업용, 산업용 등 공간별 사용 유형을 분석하여 유형별 대응이 필요할 것이다. 전통적인 전력 사업자가 아닌 사용자가 도로, 주차장, 가정 등의 유휴 공간을 활용하여 태양광, 태양열, 지열, 바이오매스 등을 활용하여 직접 생산하는 새로운 에너지 체계가 만들어지고 있다.

전력 사업자가 공간별 에너지 사용량에 따라 탄력적으로 공급하는 자동화 시스템이 완료되기 전까지는 사용량이 낮은 시간대에 에너지를 저장하고 피크 시간대에 활용하는 에너지 저장 시스템(ESS)이 건물별로 설치 · 운영되는 과도기를 거칠 것이다. 주택 및 빌딩은 보온병 내의 내용물이 일정한 온도로 유지되듯이 열의 이동을 차단하여 내부의 열을 일정하게 유지하는 패시브 주택으로 건설할 필요가 있다.

주택 · 건물 내 생산 및 사용되는 전기, 가스, 상수, 하수, 지역냉난방, 폐기물(음식물 쓰레기 포함)은 IoT 센서를 통하여 실시간 계측하고 Big-Data, AI 등 디지털 기술을 활용하여 실시간 요금 및 사용량 추세에 따라 예상 요금, 타 사용자의 평균 사용량 및 배출량 등의 정보를 함께 제공하여 절감을 유도하며 사용하지 않는 부문은 자동 제어되도록 할 필요가 있다.

신재생 에너지, 에너지 저장 시스템, 사업자 전기 등 전력 부문과 가스, 지역냉난방 등은 생산 현황, 기상, 요금 체계 등에 따라 최적의 조건에 맞추어 자동으로 전환되는 주택 · 건물 에너지 통합 관리 시스템이 도입이 필요하다.

도시 내 생산 및 배출되는 전기, 가스, 지역냉난방, 상수, 하수, 폐기물 등은 IoT 기술로 실시간 사용량 정보가 수집되고 Big-Data 시스템을 통하여 통합 관리되며 AI 기술을 통하여 도시 에너지 관리 정책에 종합적으로 활용하여 환경오염을 최소화할 필요가 있다.

환경 산업은 초창기이나 글로벌 지구환경 보호 패러다임과 함께 **에너지 IoT, Big-Data, AI** 등 첨단 기술, 신재생 에너지, ESS, 에너지 관리 시스템 등 요소 기술과 에너지 관리 핵심 기술을 활용하여 건물을 통합 운영 관리하는 에너지 신산업 모델이 만들어 질 것이다.

버스 · 택시 · 철도 · 지하철 등 대중교통 이용 현황, 카풀 · 우버 ·

자전거 등 공유형 차량 이용 현황, 전력 · 가스 · 지역냉난방 · 상수 · 하수 · 폐기물 등의 사용 · 배출량, 재활용 폐기물 수거량과 수목 등 탄소 흡수원 등의 환경 Data를 금융 산업과 결합하여 환경 포인트를 발급하고 On Line 직영점 운영, 기존 Amazon, E-Bay, 쿠팡, 옥션 등 On Line 몰 연계, 재래시장, 로컬푸드 매장, 중소기업 판매장 등 사회적 사업 등에 포인트를 현금처럼 사용할 수 있는 글로벌 환경 Fin-Tech 사업도 가능한 사업 모델이 될 수 있을 것이다.

이와 같이 환경 신산업 모델은 공유 경제, 공동 구매, O2O, Fin-Tech 등 다양한 첨단 비즈니스 모델과 결합하여 디지털 혁명 시대의 신사업으로 재탄생할 것이다.

셋째, 고정된 공간이 아닌 움직이면서 에너지를 사용하는 대표적인 분야는 자동차이다. 앞서 스마트 교통에서 말한 바와 같이 환경보호를 위해서는 대중교통, 택시앱, 자가용 공유 경제, 주차장 앱 등 교통 흐름 개선을 통하여 운영을 효율화하고 전기차 등 친환경 에너지를 사용하여 환경오염을 최소화하는 방향으로 나아갈 것이다. 스마트 교통의 다양한 디지털 Business Model이 교통 분야의 디지털 환경 Business Model이 될 것이다.

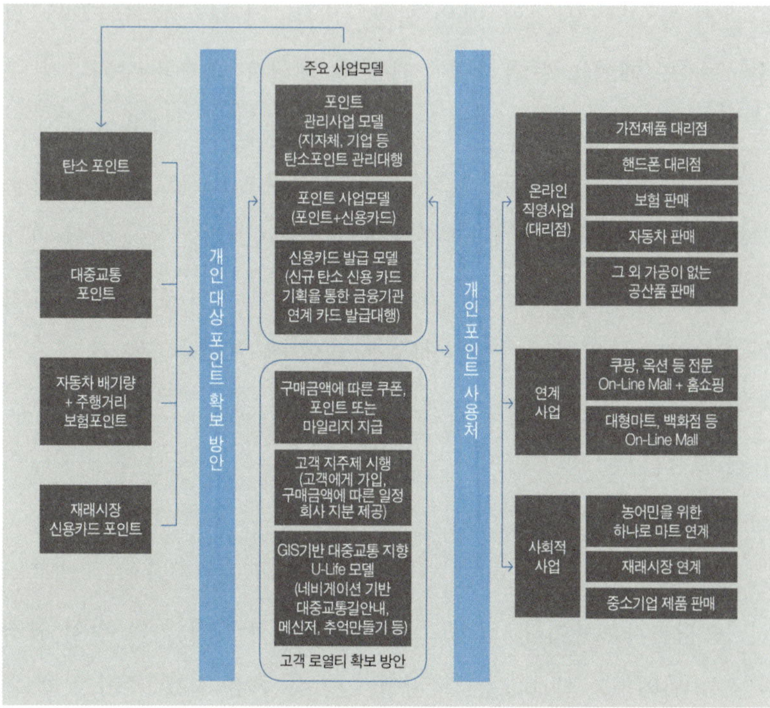

〈 Fin Tech B/M예시 〉

디지털과 아날로그, 사회 불균형이 심화되다

1969년 인터넷이 시작된 이후 세계는 스마트폰의 보급으로 언제 어디서나 정보에 접근할 수 있는 24시간 연결 체계가 구축되었다. 개발도상국과 선진국, 동양과 서양 등 공간적 경계선은 약해지고 디지털과 아날로그의 경계선으로 양분화되고 있다.

아날로그 시대의 인류는 커피 한 잔과 종이 신문을 읽으며 하루를 시작하고 식당, 주유소, 마트 등에서 현금으로 결제한다. 회사 업무는 펜으로 서류를 작성하고 다양한 정보의 획득 수단은 종이책이나 자신들이 일한 경험에 의존하는 것이 일반적이었으며 정보가 회사와 개인의 경쟁력이자 자산이었으므로 정보는 폐쇄적으로 관리되었다.

저녁 시간은 주로 가족, 직장, 지인 등 좁은 공동체 내에서 이루어졌으며 혈연, 학연, 지연 등이 중시될 수밖에 없었다. 어른들은 가족들과 대화를 하며 저녁 식사를 하든가 야구, 축구 등 스포츠를 즐겼으며 아이들은 친구들과 만나 놀이를 하며 시간을 보냈다. 즉, 아날로그 시대는 사람과 사람이 만나서 몸으로 부대끼며 살아가는 Off-Line 중심의 생활이었다.

디지털 시대의 인류의 생활은 Off-Line을 벗어나 스마트폰, 인터넷, 소셜 미디어 등을 통하여 사이버 공간에서 대부분의 시간을 보내고 있다. 스마트폰의 알람에 맞춰 기상하고 전자신문을 읽으며 소셜 미디어 또는 e-Mail을 확인하는 것으로 아침을 시작한다. 마트, 식당, 주유소, 편의점 등에서 신용 카드 또는 e-Pay로 결제가 이루어지는 현금이 필요 없는 세상이 되었다. 스마트폰 네비게이션 하나로 자동차를 타고 전 세계 어디서나 모르는 길을 찾아 갈 수 있는 시대가 열렸다.

Facebook, Whatsapp, Line, Kakao Talk 등 다양한 소셜 미디어를 통하여 실시간으로 세계에 있는 누구나 만날 수 있으며 스마트폰 및 PC 게임으로 친구들과 만나고 소통한다. Skyscanner를 통하여 실시간 항공 요금을 파악하고 TripAdvisor를 통하여 여행계획 수립에 필요한 여행지 방문 장소 및 맛집 리스트를 찾는다. Google Map을 통하여 위치 기반 실제 모습을 미리 볼 수 있으며 Amazon을 통하여 입장권, 여행 상품 등을 실시간으로 구매할 수 있다.

현재 우리 인류는 아날로그 세대와 디지털 세대가 섞여서 살아가고 있다. 우리가 여행을 하는 경우를 생각해 보자.

디지털을 잘 활용하는 나라들은 많은 시스템이 디지털화가 되어 있다고 해도 과언이 아니다. 스마트폰과 신용 카드 한 장으로 극장, 놀이동산, 철도, 버스 등의 예약, 결제가 이루어지는 디지털 세상에 살던 사람이 현장에 직접 방문하여 입장권이 있는지 확인하고 없으면 3 ~ 4시간 대기하며 항상 현금으로만 결제가 이루어지는 아날로그 세상에서 살아갈 수 있을까? 물론 가능은 하지만 그 불편함은 이루 말할 수 없을 것이다. 반대로 아날로그 인류가 디지털 시대에 적응할 수 있을까?

현재 60 ~ 70대는 젊은 세대와 비교하여 디지털 능력이 현저히 떨어질 수밖에 없다. 극단적인 예로 철도 및 고속버스는 대부분 스마트폰으로 예매가 가능한 시스템으로 바뀌었다. 젊은 세대는 스마트폰으로 On-Line 티켓팅을 하고 있다. 60 ~ 70대는 직접 현장을 방문하여 티켓팅을 하고 있는 것이 현실이며 이로 인하여 몇 시간씩 기다리는 사례가 빈번하게 발생하고 있다.

디지털과 아날로그 세대 간 정보 격차와 소외 현상은 심각한 사회 현상이 되고 있다. 디지털과 아날로그 세대는 서로를 이해하지 않으려 한다. 스마트폰과 소셜 미디어를 통하여 글로벌 소통 체계를 갖춘 디지털 세대는 특정 사회문제가 발생하면 전통적인 국가 내 미디어뿐만 아니라 해외 미디어, 소셜 미디어를 통한 실시간 정보 등 다양한 정보처에서 정보를 입수한다. 또한 그들은 실시간 쌍방향으로 사람들과 소통하며 문제를 토론하고 있다. 물론 인터넷의 익명성으로 인해 인간의 공격적 본성이 적나라하게 나타나는 경우도 많이 있다.

아날로그 세대는 TV 뉴스 또는 자신이 보는 특정 신문에서 제공하는 일방향 정보에 의존할 수밖에 없으며 해당 언론이 잘못된 정보를 제공하더라도 그것을 믿을 수밖에 없다. 이와 같이 정보의 소외와 차별에 따른 디지털과 아날로그 세대 간 갈등은 심각한 사회 현상이 될 것이다. 정보 측면에서는 상대적인 약자이나 사회 측면에서는 기득권 세력인 아날로그 세대는 자식들이 누려야 할 미래의 부를 부채 발행을 통한 경제 성장 등으로 가져가고 있다.

이로 인하여 자식 세대는 일자리 부족, 집값 상승 등 경제적 어려움으로 결혼 연령이 늦어지고 출산율은 급격히 떨어지고 있다. 노령화로 인하여 복지비용은 지속적으로 증가하고 있으며 부족한 비용은 국채 발행을 통한 국가 세금으로 부담하고 있다. 자식인 디지털 세대는 미래의 부채를 자신들에게 돌아올 것을 우려하고 있으며 아날로그 세대는 그들의 기득권을 확대하려함에 따라 양 세대 간 갈등은 증폭되고 있다.

경제 성장기에 있던 국가들은 외환 위기, 금융 위기, 재정 위기 등 각종 경제 위기를 겪으면서 아날로그 시대의 패러다임은 약해지고 효율화와 시스템화를 중시하는 디지털 시대로 변화되었다. 경제가 발전하는 동안은 지속적으로 고용창출이 가능하므로 직장은 정년이 보장되었다. 경제 위기 과정을 거치면서 강력한 인력 구조조정은 필연적이었으며 조직 우선주의에 따라 직장인들은 일자리를 잃게 된다.

사람들은 한순간에 직장을 잃게 되는 과정을 지켜보며 조직과 타인보다는 자신들의 보호를 최우선으로 생각하게 된다. 또한 사람이 운영하는 조직은 경영 효율화를 목적으로 동일한 노동을 함에도 차별적 임금을 지불하고 사람을 수단으로 생각하는 다양한 비정규직을 생산했다. 정규직은 자신들을 보호하기 위하여 자신들만을 대변하는 노동조합을 구성하고 비정규직이 진입하는 것을 막으며 자신들에게 돌아갈 것을 다른 사람들에게 빼앗기지 않으려고 한다.

인류는 살아남기 위하여 공동체 생활을 하게 되었으며 생태계의 최정상으로 올라서자 인류 간 경쟁을 통하여 남의 것을 빼앗기 시작한다. 국가의 개념이 생기자 기득권층은 일반 백성과 귀족층을 구분하는 계급 제도를 만들고 자신들만을 위한 방어막을 형성하였다. 현대사회는 그렇지 않다고 장담할 수 있을까? 과연 계급제가 존재하지 않으며 사람들은 차별받고 있지 않은지 생각해 볼 문제이다. 동일한 적자생존 규칙이 현대사회에도 그대로 적용되고 있으며 동일 업종 내 구성원들 간의 차별은 사라져야 할 것이다.

개발도상국은 정부 주도의 경제성장 정책을 추진해왔다. 이 과정에서 정부는 국민이 납부하는 세금으로 운영되며 국가 경쟁력 강화 및 국민 삶의 질 향상을 위하여 세금을 지출하는 역할을 해 왔다. 국가 주도의 경제 정책이 과연 효율적일까?

국가가 발전하기 위한 일정 수준까지는 리더가 정책을 제시하고 앞에서 끌고 가는 정책이 효율적일지 모르나 한계점에 도달하면 국가 정책은 바뀔 필요가 있다. 한계점이란 GDP가 얼마냐, 세계 몇 위의 경제권을 갖고 있느냐 하는 물리적 수준이 아니라 성과주의에 급급하여 씨를 뿌리지 않고 열려 있는 과실만 수확하려고 하는 시스템의 부작용 등이 나타나는 시점일 것이다.

이 시점이 되면 공공 부문은 로드맵에 따라 움직이는 것이 아니라 내가 있을 때 무엇인가를 보이려 하는 조급성이 팽배하고 수평적 업무 처리가 아니라 수직적 업무 지시로 일이 처리되기 시작한다. 이 과정에서 일정 기간 안에 성과를 내기 위해서는 실질적인 성과가 아니라 국민은 뒷전이고 언론을 통한 윗사람에게 홍보하는 전시성 성과만을 도출하려 할 것이다.

저마다 언론을 통한 보도 자료를 쏟아내고 작은 것을 어떻게 하면 크게 보이게 만들까 하는 침소봉대 현상이 발생할 것이다. 정부는 기업이 사업으로 추진해야 할 것을 성과를 내기 위하여 직접 시행함으로써 기업의 사업 영역은 상대적으로 줄어들 수밖에 없다.

신사업 및 기업 지원 정책은 생태계 조성을 통한 경쟁력 있는 기업 육성이 아니라 가시성 있는 성과를 보여주기 위한 기존 중소기업 등의 보호 정책 위주로 추진되고 있다. 그 결과 기업 경쟁력은 오히려 저하되는 **온실 속의 화초** 전략이 대부분일 것이다. 과연 사업 마인드와 전문 지식이 없는 대부분의 공무원이 디지털 혁명 시대의 기술 변화, 산업 변화, 패러다임 변화 등을 제대로 알고 전문적인 정책을 수립할 수 있을까?

IMF는 1990년부터 2010년까지 세계 지니 계수 평균 데이터를 기반으로 작성된 **Grigoli and Robles**(2017) 자료를 인용하여 소득 불균형과 경제 발전의 상관 관계는 지니 계수 27% 시점부터 부정적이라는 데이터를 제시했다. 일정 시점까지는 정부 주도 경제 정책이 성공할 수 있지만 소득 불균형 등 사회 불균형과 같은 시스템의 문제점이 나타나면 동작하지 않게 된다는 것을 의미한다 할 수 있을 것이다.

디지털 혁명 시대는 IoT 등 정보 수집기술, Big-Data 등 정보 분석기술, 소셜 미디어 등을 활용한 참여형 집단지성, 공유형 비즈니스 모델 등 다양한 기술을 활용하여 선제적으로 사회 불균형 문제에 대응할 수 있으나 대응하지 않고 있다. 그러나 세계는 방대한 경제 데이터를 활용하여 사회 불균형을 해소할 수 있는 다양한 정책적 연구를 수행하고 있다.

중앙정부는 수많은 법률 체계 기반의 시스템으로 운영되나 자신들의 업무를 위한 Big-Data Inventory(통계분석을 위한 Raw Data 포함) 구축과 Data 분석 시스템 등을 갖추지 않고 있다. 시스템을 통하여 데이터를 뽑아내고 관리하며 정책의 방향을 제시하는 효율적인 시스템을 구축하여야 하지 않는가? 이것은 비단 사회 불균형 문제 해소에만 해당하는 것이 아니라 정부 업무 전반에 해당한다.

공무원은 행정 전문성은 뛰어나나 실질적인 업무 전문성은 약할 수밖에 없다. 이를 해결하기 위해 지속적으로 자신들의 업무를 디지털 기반으로 시스템화하고 Data를 기반으로 정책을 결정하는 Big-Data 체계로 신속히 옮겨 가야 할 것이다. AI, Big-Data 등 4차 산업혁명의 신기술을 정부 시스템 혁신에 적용할 필요가 있다 생각한다.

개발도상국은 대부분 권력, 정보, 자본이 특정 계층에 몰려 있어 수직적 의사결정 체계가 주를 이룬다. 경제가 발전하기 위한 기틀을 마련하기까지는 제한된 자원의 선택과 집중, 빠른 의사 결정을 위하여 수직적 의사결정 체계가 효율적일 수 있으나 현대사회는 갈수록 복잡해지고 있으며 다양한 분야의 전문성이 요구되고 있다.

이를 해결하기 위해서는 위키피디아 시스템과 같이 사람들이 참여하여 새로운 백과사전을 만들 듯이 집단지성이 참여하여 사회 문제를 의논하고 함께 고민하는 **집단지성 참여 시스템**을 도입하는 것도 하나의 방법이지 않을까 생각한다. 디지털 혁명 시대에 새로운 사회 문제의 해결 방법은 디지털 기술의 다양한 방법론을 활용하여 사회 문제의 근본적인 원인을 밝히고 최적의 해결 방안을 도출하는 것이라고 생각한다.

미래사회
자율혁명시대

1 ~ 3차 산업혁명과 4, 5차 산업혁명의 차이는 아날로그 시대에서 디지털 시대로 변화를 의미한다. 그렇다면 4차와 5차 혁명은 어떻게 구분할 수 있을까?

1~ 3차 산업혁명은 수렵, 채집 및 소규모 원시 공동체 생활을 하던 인류가 정착을 하고 농업으로 전환하는 제1차 산업혁명기인 농업혁명 시대, 농업 중심의 사회에서 과학기술의 발전으로 상품 거래를 글로벌로 확대하는 제2차 산업혁명기인 상업혁명 시대, 농업과 상업 중심의 자연 활용형 산업에서 자연의 산물을 활용하여 인간의 노동과 기계화를 통하여 대량생산 대량소비 시대를 개막한 제3차 산업혁명 시대인 제조업혁명 시대였다.

한마디로 인류를 절대적 빈곤에서 탈피하고 상대적 빈곤의 개념이 생성된 시기였다고 해도 과언이 아닐 것이다. 이로 인하여 다양한 국가, 사회, 도시 문제 등이 생겨나고 이를 4차 산업혁명의 숙제로 넘겨주는 시기라 할 수 있다.

4차 디지털 혁명은 인간이 만든 디지털 세상을 기반으로 글로벌 인류간 실시간 네트워킹 체계의 기반이 기술적으로 완성되는 시기라 할 수 있을 것이다. 디지털의 역기능으로 글로벌 불평등, 아날로그와 디지털 세대 간 갈등, 제도권에 대한 불신, 일자리 부족, 초고령사회, 저출산, 글로벌 기후변화, 경제발전에도 불구하고 사람 행복지수 하락 등 다양한 이슈가 발생하고 있다.

제5차 자율혁명 시대는 제4차 디지털 혁명 시대의 사회 이슈를 해결하는 방향으로 발전할 것이다. 이와 같은 이슈들은 전통적인 로직으로는 풀리지 않을 것이다. 제도권을 넘은 사람중심의 글로벌 공동체, 인공지능 등 첨단기술 등이 사회 이슈와 결합하여 제4차 디지털 혁명 시대의 주유 이슈는 해결 될 것이다. 「미래사회 - 자율혁명 시대」에서는 제도권을 넘어 글로벌을 지향하는 인류의 모습, 블록체인 등 최신기술과 결합한 사회 모습, 글로벌 비즈니스 모델에 대하여 제시하며 이 글을 마무리 짓고자 한다.

미래사회
자율혁명시대

제도권을 넘어 글로벌 인류 간 자율 공동체 사회

4차 디지털 혁명은 제조업 중심의 글로벌 패러다임 변화를 기반으로 디지털 기술을 활용하여 개별 국가별 산업을 혁신하는 시대였다. 산업과 인류 생활을 인터넷으로 연결하여 글로벌로 확장하고 실시간 정보를 기반으로 공급자 중심의 시대에서 수요자 중심의 시대로 전환되는 시기다. 상대적 빈곤의 시대로 완전히 전환하고 3차 산업혁명시대와 비교하여 기계화 수준은 높아졌으나 인간의 노동은 생산을 위한 필수적인 요소이다.

기계화, 자동화 등 다양한 용어로 사용되고 있는 자동 생산 체계는 인간이 프로그래밍한 로직에 따라 동작하는 꼭두각시와 같은 피조물이다. 또한 개별 국가들은 국가의 경쟁력 확보를 최대의 경쟁 우위 요소로 두고 법제도, 인권 등 사회 전반의 시스템을 점진적으로 정비하고 있는 시대다. 제1, 2차 세계 대전을 경험한 인류는 글로벌 분쟁을 평화적으로 해결하고 세계 대전을 막기 위하여 UN(United Nations) 등 다양한 국제기구를 만들었다. 하지만 국제기구의 의결권은 강대국의 힘의 논리에 따라 세계 정의가 결정되는 시대라 할 수 있을 것이다.

5차 자율혁명 시대는 4차 디지털 혁명 시대의 국가, 민족, 금융 등 제도권 중심에서 글로벌 인류 간 네트워킹을 통하여 자율적으로 만들어가는 사회, 인간 노동 중심에서 사이버 생명체가 생산하는 자율 생산 체제로 전환하는 시대라 할 것이다.

국가, 지역별 기구, 세계 기구, 금융 기구, 화폐 등 기존 제도권의 영향력은 최소화되고 글로벌에 흩어져 살고 있는 사람들이 자신들의 관심사에 따라 다양한 공동체를 형성하고 자신들만을 위한 별도의 규범을 제정할 것이며 자신들이 필요로 하는 것을 기업에 의존하는 것이 아니라 직접 생산하는 새로운 사회 시스템으로 변화할 것이다.

현 시점에서 5차 자율혁명 시대는 언제부터 시작될지 또는 이미 시작되었는지 명확히 알 수는 없다. 미래에는 디지털이 도입되고 적극적으로 활용하는 시대를 4차 디지털 혁명 시대로 볼 수 있을 것이다. 디지털을 넘어 인류의 노동 참여는 최소화되고 인류가 만든 사이버 생명체가 노동에 적극적으로 참여하며 제도권이 중심이 아닌 글로벌 개인들이 중심이 되는 시대가 5차 자율혁명 시대가 될 것이다. 이와 같이 세계는 1 ~ 3차 산업혁명과 4차 디지털 혁명을 거치면서 단계적으로 성장하고 있으며 5차 자율혁명 시대는 인간 중심의 시대로 변화할 것이다.

5차 자율혁명 시대의 인류의 생활은 어떻게 변화할 것인가?

첫째, 물리학, 인류학, 의학, 심리학, 경영 · 경제학, 역사학 등 다양한 학문과 ICT 등을 포함하는 과학 기술을 활용하여 인류가 만든 새로운 생명체인 사이버 생명체가 사회 전반에 활용되어 인류 생활에 영향을 주는 시대가 될 것이다. 즉, A · I 기술의 발전은 로봇 등 다양한 인간의 노동을 대체하는 기술을 개발할 것이며 이들 사이버 생명체들은 인간의 노동을 최소화할 것이다.

둘째, 인간의 개성이 강해짐에 따라 전통적인 공장 중심의 대량생산 체계에서 인간의 개성을 중시하는 완전 개인 맞춤형 생산 체계로 바뀔 것이다. 이의 핵심 기술은 3D 프린팅 기술을 기반으로 이루어질 것이다.

셋째, A · I 기술의 발전에 따른 인간의 노동 투입 시간 최소화는 일터 중심의 생활에서 가족, 동호회 등 다양한 공동체 중심의 생활로 변화시킬 것이다. 이들은 블록체인 기술을 통하여 자신들만의 생활규약을 만들고 사이버 공간과 글로벌 현실세계에서 관계를 맺으며 살아가는 글로벌 자율 공동체 사회가 될 것이다.

넷째, 국가, 지역 단위의 비즈니스는 니치마켓으로 전락하고 글로벌 인류를 대상으로 비즈니스가 이루어지는 비즈니스가 주류를 형성할 것이다. 글로벌 비즈니스는 현재까지 주류를 이루고 있는 기존 제조업, 서비스업 이외에도 글로벌 개인들이 생산자이자 소비자로 참여하는 글로벌 플랫폼 기반 디지털 자산 유통과 공유경제가 새로운 비즈니스로 활성화될 것이다.

인간 생활 변화의 혁신은 제4차 디지털 혁명 시대에서 발전한 기술들을 고도화하여 5차 자율혁명 시대에 맞는 기술을 채택하며 발전할 것이다. 앞서 **기술 발전은 인간 니즈의 변화**라 하였던 것처럼 자율혁명 시대는 인류가 오랫동안 꿈꿔 왔던 인간이 일하지 않고 인간이 만든 사이버 생명체가 일하는 사회로 인간 욕구에 따라 단계적으로 자연스럽게 진행되고 있다.

과학 기술 측면에서는 현재 상황을 인식하고 문제점과 원인이 무엇이며 어떻게 대응하는 것이 최선인지를 판단하는 등 인간의 사고 프로세스를 대행하는 **A · I(Artificial Intelligence, 인공지능) 기술**,

인간의 노동을 대체하거나 인간의 생활을 지원하기 위해 필요한 이동형 또는 고정형의 A · I 기능을 내장한 **로봇 기술**, 인류를 시공간을 초월하여 상호 연결하는 **홀로그램 기술**(이 책에서는 가상현실, 증강현실, 홀로그램 등을 하나의 기술로 통칭하기로 한다), 인류가 필요한 것을 즉시 만들 수 있는 **3D 프린팅 기술**, 인간이 오랫동안 꿈꿔왔던 글로벌 자율 공동체를 연결하는 **블록체인(향후 다른 기술로 대체될 수도 있음) 기술** 등이 자율혁명 시대의 핵심 기술이 될 것이다.

물론 인간의 생명 연장을 위한 바이오 인포매틱스 기반의 생명과학기술, 인류의 오랜 열망을 담은 우주에 대한 신비를 밝히기 위한 천문우주학 등 다양한 과학 기술이 자율혁명 시대의 분야별 핵심 기술이 될 것이나 여기에서는 ICT 기술과 인간생활 변화를 위주로 기술하고자 한다. 자율혁명 시대는 국가, 정치 등에도 혁명적 변화를 가져올 수밖에 없을 것이다.

공동체 생활을 시작하고 자연 생태계의 최상위를 차지한 인류는 민족, 종교, 국가 등 다양한 제도적 요건, 전쟁 등을 통하여 인위적으로 만들어진 현재의 국가 체계로 발전하였다. 국가 경쟁력은 과거에는 군사력 위주였으나 제 1, 2차 세계 대전과 과학기술 발전을 거치며 경제 중심으로 변화되었다. 강대국들은 자신들의 힘을 이용하여 보호무역과 자유무역을 자의적으로 적용하며 세계 정의를 혼란스럽게 하고 있다.

디지털 기술의 발전으로 실물 화폐 사용은 최소화되고 신용 카드, e-Pay 등으로 변화되고 있다. 그렇다면 미래 기축, 준 기축 통화는 현재의 달러, 유로, 엔, 위안 등 강대국 통화에서 어떤 형태로 변화할까?

A · I시대, 인간의 노동은 사라지고 인류의 새로운 자유 탄생

A · I는 인간이 프로그래밍한 프로세스에 따라 이상값이 발생하면 단순히 행동하는 것이 아니라 다양한 상황을 스스로 인식하고 상황에 맞는 행동을 하는 것을 말한다. A · I의 궁극적인 목적은 인간의 일자리를 빼앗는 것이 아니라 인간의 노동을 기계가 대신함으로써 인간에게 새로운 삶을 제공하는 것이다. 이에 따라 오랫동안 이어져 온 사유재산 기반의 자본주의 시스템은 변화가 있을 수밖에 없을 것이다.

현재 세계적으로 노동을 대체하는 기계와 A · I에 세금을 물리자는 **로봇세** 등을 도입하고 국가는 세금을 활용하여 사람들에게 생활을 위한 기본금을 제공하자는 논의가 진행 중에 있다. 인류는 수십만 년에 걸쳐 보유한 공동체 생활, 공동생산 및 공동분배, 사유재산 등 다양한 경험을 기반으로 A · I 시대가 도래했을 때 인류가 취할 최적의 방법을 찾아낼 것이다.

A · I는 인간에 비유하면 **인간의 뇌**에 해당한다. 인간의 뇌는 현재 과학 기술로는 독립적으로 생존할 수 없으나 인간이 만든 A · I는 컴퓨팅 디바이스 형태로 다른 사물과 결합하고 해당 사물을 제어할 수 있으므로 형태가 있을 수도 있고 형태가 없이 인터넷망과 결합하여 전 세계를 제어하는 것도 가능하다. 필자는 A · I를 단순 프로그래밍 형태로 존재하는 순수 A · I 기술과 개별사물, 업무와 A · I가 합쳐진 자율 융합 기술(로봇 등)로 구분하고자 한다.

자율 융합 기술을 논하기 위해서는 4차 디지털 혁명 시대의 IoT를 알아볼 필요가 있다. 과학기술이 발전하고 정보의 중요성을 인식함에 따라 인류는 아날로그 기기 또는 사물에 IoT 센서를 장착하고 있다. 디지털화 또는 지능화된 가스관, 상수관, 전력 등의 기반시설은 실시간으로 누수, 장애 등을 파악할 수 있으며 위험 발생시 신속히 대응하여 피해를 최소화할 수 있다.

개인생활 측면에서는 자동차의 지능화와 냉장고, 텔레비전, 에어컨 등 가전기기의 지능화로 개인들이 스마트폰으로 직접 제어하거나 필요한 정보를 받을 수 있다. 현재의 기술은 인간이 제어를 하는 형태로 운영이 되고 있으나 A · I 시대에는 기계가 스스로 자신을 제어하는 시대가 될 것이므로 지능화의 대상은 인류 생활에 필요한 모든 영역이 개별 A · I와 접목될 것이다.

미래 사회에서는 인간의 제어는 최소화되고 사물이 직접 제어하는 형태로 진화 발전할 것이며 인류는 자신들만의 고유한 영역을 창조할 것이다. 구체적인 활용 사례를 보면 A · I 기술과 자동차가 합쳐진 **자율주행 자동차 기술**(일명 무인자동차), A · I와 이동을 하면서 인간을 지원할 로봇과 결합한 **자율 로봇 기술**, A · I와 생산 기계를 결합하여 만든 자율 **자동화 기계 기술**, X-Ray, MRI, CT, 내시경 등 영상과 A · I가 합쳐진 **자율 영상 판독 기술**, 금융 업무와 A · I가 결합한 자율 **금융 컨설팅 기술** 등 인류 생활에 필요한 모든 영역일 것이다.

자율 주행, 자율 로봇, 자율 자동화 기계 등 사물과 결합하는 자율 융합 기술은 실시간 변동하는 정보의 수집이 필요하므로 IoT 센서를 통하여 외부 환경 변수를 수집하고 자신의 내부 로직에 따라 분석, 판단하고 이상값이 발생할 경우 중앙으로 전송하여 피드백하면서 진화할 것이다.

사물이 아닌 업무와 A · I가 결합한 자율 융합 기술은 정보 수집을 위하여 별도 장치 없이 내 · 외부 네트워크를 통하여 필요한 정보를 수집하고 분석 · 판단하는데 필요한 프로세스를 스스로 만들어 액션을 취할 것이다.

앞서 기술했던 바와 같이 융합 대상물은 연결, 통합과 연계, 정보 등의 4차 디지털 혁명 패러다임에 따라 다양한 기능을 통합하고 소형화될 것이다. 융합 대상물은 A · I와 결합하여 자율 기능을 갖추고 인간이 직장이나 가정에서 하는 노동 대체, 사람들의 건강 관리, 상황을 인식하고 분석하여 사람들의 의사결정을 지원하거나 자율적으로 판단할 것이다. 미래 인류의 니즈는 단순한 제품 또는 기계가 아니라 A · I 기능이 탑재된 똑똑한 상품일 것이다.

자동차를 예를 들어 보면 산업 초창기는 말을 대체하는 움직이는 자동차, 속도가 빠르고 고장이 없는 자동차, 연비가 좋은 자동차, 기어 변속이 필요 없는 편한 자동차, 디자인이 우수한 자동차, 고장이 났을 때 운전자에게 알려주는 자동차, 내부 편의 장치가 잘 갖춰진 자동차 등으로 본연의 기능에서 부가 기능 즉, 편의성 향상으로 진화하였다.

하지만 자동차 제어 주체는 운전자 즉, 인간 자신이다. 따라서 미래의 자동차는 비행기와 같이 하늘을 나는 기능, 고속열차와 같이 초고속 주행 기능 등으로 진화할 것이나 궁극적인 변신의 목표는 인간을 위한 움직이는 공간이자 생명체로서 운전을 직접 수행하고 사람들을 목적지로 이동을 시켜주며 이동하는 동안 사람들이 필요한 것을 제공하는 비서 역할을 수행할 것이다.

자율 주행 자동차와 같이 인류가 만든 인공 피조물은 현대의 무생물이 아니라 사이버 생명체로서 인간이 해야 할 역할을 대신하고 필요로 하는 것을 지원하는 형태로 진화할 것이다.

원시시대 인류는 살아가기 위해 필요한 역량과 기술이 제한적이었으므로 만능이 될 수 있었으나 과학 기술의 발전, 인구의 증가, 사회의 분화 등으로 특정 분야의 전문가 역할을 할 수밖에 없게 되었다. A · I 역시 모든 것을 관장하는 만능의 존재가 될 수 있을까? 정확한 시간은 예측할 수 없지만 먼 미래에는 이론적으로 가능할 것이다. A · I는 인간과 같이 인공 피조물 별로 하나의 사이버 생명체가 되어 인간의 노동을 대체하거나 인간 생활을 지원하는 개별적 존재로서 역할을 하게 될 것이다.

우리가 명심해야 할 것은 미래 산업은 특정 목적을 수행하는 단순한 물체에서 지능을 갖고 스스로 행위를 하는 사이버 생명체로 진화하는 방향으로 가고 있다는 것이다. 이와 같은 현상은 한순간에 이루어지는 것이 아니라 점진적으로 이루어질 것이다.

A · I가 바둑, 체스, 장기 등에서 인간 최정상을 이겼고 영상 인식 기술을 활용하여 질병을 진단하며 인간의 음성을 인식하는 등 뛰어난 발전을 이루었다. 엄밀한 의미에서 이것은 A · I가 아니라 분류 구조, 유형화, 프로파일링 등 구조화 기술, 컴퓨터의 빠른 연산능력, 영상에 대한 패턴화, 음성에 대한 패턴화, 현상에 대한 발생 원인을 판단하기 위한 인간이 만든 로직으로 스스로 생각하는 것이 아니라

구조화, 패턴화 능력이 뛰어난 것이라 할 것이다. 스스로 생각한다고 보기는 어렵고 새로운 패턴을 유형화하도록 하여 고정관념을 없게 만들었다고 볼 수 있다. 인간은 고정관념에 갇혀 새로운 생각을 스스로 막아 버림으로써 진화를 막는 경우가 많다.

따라서 신산업을 만들고 기존 산업을 고도화하여 산업 경쟁력을 강화하기 위해서는 A · I는 구글, IBM, MS 등 소수 기업의 영역이라고 생각해서는 안 될 것이다. 기업이 미래 사회에서 살아남기 위해서는 A · I 로직이 아니라 자신들이 보유한 방대한 정보를 활용하여 유형화하고 진단 및 분석하여 제품에 지능을 불어넣어 제품 경쟁력을 강화하여야 미래 사회에서 살아남을 것이다. 또한, A · I는 리눅스와 같은 무료 공개 프로그램이 등장할 것이며 집단지성이 참여하여 새로운 자율 융합 기술을 만들 것이며 세계의 자율화 시대는 앞당겨 질 것이다.

3D 프린팅, 공장 중심의 대량생산 체계에서 자급자족의 시대로

3D 프린팅은 신속한 시제품 제작을 통하여 상품성 여부를 판단하고 제품 연구 개발에서 출시까지 시간을 단축하여 시장에 발빠르게 대응하기 위하여 개발되었다. 앞 절에서 말한 바와 같이 4차 디지털 혁명 시대는 아날로그의 비효율적인 부분을 효율화시키는 방향으로 발전하였다. 3D 프린팅은 제조업의 효율화를 위하여 개발되었고 발전하고 있으나 실질적으로는 5차 자율혁명 시대에 완전한 꽃을 피울 것이다.

자율혁명 시대는 대부분의 사람들이 로봇과 같은 사이버 생명체가 인간의 일자리를 줄어들게 할 수 있으므로 인간과 사이버 생명체간 경쟁의 시대로 생각하고 있다. 필자는 그와는 반대로 사이버 생명체가 인간의 노동을 대신함으로써 인간은 노동으로부터 자유로워져 인간성을 회복하는 인본주의, 사람 중심으로 전환하는 시대가 될 것으로 생각한다.

이에 따라 5차 자율혁명 시대의 글로벌 사회의 인류는 강대국의 힘의 논리가 좌우되는 세계주의, 국가의 이익을 최우선으로 하는 국가주의, 제도권을 유지하는 법제도, 세계를 움직이는 금융 시스템, 전통적인 대량생산 중심의 제조업 체계 등 조직 또는 시스템을 우선하는 시대가 아닐 것이다. 인류는 제도권을 뛰어넘어 세계에 살아가는 사람들과 교감하면서 사상, 취미 등이 맞는 사람들과 이해 관계를 떠나 다양한 글로벌 사회 공동체를 만들고 그 속에서 사람을 최우선으로 생각하는 인간 중심의 사회를 만들려고 할 것이다.

원시공동체는 걸어서 이동할 수 있는 짧은 거리 이내를 공간적 범위로 살아가는 소규모 공동체였다면 5차 자율혁명 시대의 공동체는 인터넷, 홀로그램 등 통신 기술과 교통의 발달로 공간과 시간의 제약을 받지 않고 세계에 흩어져 살고 있는 구성원들과 실시간으로 소통하며 살아가는 On-Line과 Off-Line 글로벌 공동체가 될 것이다. 즉, 그들만을 위한 물리적인 독립 공간을 건설하고 공동생활을 하거나 글로벌 지역에 흩어져 살아가면서 자신들의 사이버 커뮤니티를 만들고 그 속에서 사상과 생활을 공유하는 형태 등 다양한 글로벌 공동체가 나타날 것이다. 또한, 글로벌 공동체는 지역, 국가, 글로벌 단위 등의 다양한 형태가 나타날 수 있을 것이다.

과연 5차 자율혁명 시대에서 살아가기 위해 필요한 다양한 상품들은 어떤 방식으로 조달할까? 제도권의 대량생산, 주문 생산, 맞춤형 생산 등 다양한 생산 방식이 그대로 적용될 수 있을까? 현대의 가장 발전적인 사용자의 요구에 부응하는 생산 시스템조차 몇 가지 유형의 조합을 만들어 놓고 사용자들에게 선택을 요구하는 방식이다. 더 이상 이와 같은 천편일률적 생산방식은 미래사회에는 통용되지 않을 것이다. 글로벌 공동체 구성원들은 필요에 따라 자신들의 특성에 맞는 새로운 제품을 자신들이 직접 생산하여 사용하는 시스템이 활발하게 될 것이다.

예를 들어 기존의 주택, 자동차, 의복, 음식 등은 생산자가 모델을 만들어 놓고 수요자는 그들 중에서 자신에 맞는 제품을 선택하는 방식이었다. 글로벌 공동체 속에서 살아가게 될 인류는 구성원 개개인의 개성을 중시하며 자신들에게 맞는 상품을 직접 생산하는 방식이 일반화될 것이다. 이들을 위한 핵심 기술이 3D 프린팅이다.

현재 3D 프린팅 기술은 초보단계의 기술이지만 5차 자율혁명 시대에는 소재 기술, 유전자 공학 등 다양한 기술의 진보와 함께 일부 제조업에 사용할 수 있는 수준을 벗어나 인류가 살아가는데 필요한 의 · 식 · 주 · 문화 등 다양한 분야에 적용 가능하게 될 것이다. 글로벌 공동체의 구성원들은 집단지성과 소통 체계를 활용하여 자신들이 필요로 하는 것을 직접 생산하기 위한 설계도 등을 만들고 3D 프린팅 기계를 활용하여 직접 생산하는 자급자족 경제 체계를 갖출 수도 있을 것이다.

블록체인, 글로벌 공동체 사회의 발전 기반을 마련하다

TCP/IP 기술이 개발되고 인터넷이 보급되었을 때 기술 개발자는 **인터넷 사용자들은 믿을 만하며 악의적으로 인터넷을 사용하지 않을 것이다** 생각하여 보안 위협에 대한 대응 방안은 최소화하였다. 인터넷의 보급 · 확산과 함께 의도하지 않았던 보안 위협이 증가함에 따라 사용자들은 암호화, 방화벽, 침입 차단, 바이러스월 등 다양한 보안 기술을 적용하고 있다.

그럼에도 불구하고 바이러스, 해킹, DDoS 등 악의적인 방법으로 인터넷 사용 무력화, 금융 해킹, 최근의 랜섬 바이러스를 통한 데이터에 암호를 걸어 사용하지 못하게 하고 복구비용 요구 등의 현상이 지속적으로 발생하고 있다. 물론 악의적인 행동을 하는 사람들은 소수에 불과하나 대형 사이버 범죄는 사회에 커다란 피해를 일으키고 있다. 기업, 정부, 개인들은 보안 위협에 대응하기 위하여 천문학적인 비용과 시간을 투입하고 있다.

현대 사회의 인류는 컴퓨터, 스마트폰 등 정보화 기기가 없으면 생활이 불가능하게 되었다. 원시시대 인간은 생태계의 하위 계층이었으며 오랫동안 혼자 생활을 하거나 소규모 무리 생활을 하였다. 그래서 인간은 타인의 공격을 항상 의식하며 위협적인 행동이 가해지면 폭력성이 나타난다. 인터넷은 익명의 공간이고 더 이상 믿을만한 사람들만이 살아가는 공간이 아니다.

인터넷의 안전성을 확보하는 가장 확실한 방법은 **인터넷은 신뢰할 만한 공간이 아니다** 라는 전제로 기존 TCP/IP 인터넷과 호환되면서 보안성이 강화된 새로운 인터넷 체계를 도입하는 것이 가장 좋은 방법일 것이다. TCP/IP 체계에서 TCP는 상호 간의 동의하에 연결되는 연결 지향을 의미하며 IP는 목적지 즉, 대상자에 대한 목적지 경로를 설정하기 위하여 만들어 졌다. 인터넷의 근간 기술인 TCP/IP 체계의 문제점은 연결성과 대상의 명확성이라 할 수 있다.

대상을 알고 TCP/IP 기술의 약점을 이용하면 현재의 인터넷에 연결된 모든 스마트 디바이스는 언제든 공격을 받을 수 있는 위험성을 내포하고 있다. 인터넷 환경의 약점을 보완하는 가장 근원적인 방법은 비연결성, 불명확성을 만드는 것이며 다른 대안은 정보의 분산을 통한 공동 관리를 통하여 보안의 위협에 대처하는 방법일 것이다.

전자의 기술은 기존 TCP/IP 체계와 호환되며 신규로 구축되는 인터넷 환경은 UDP와 Contents 기반으로 동작하는 CCN(차세대 인터넷 : Contents Centric Network) 등의 기술이 있다. CCN 기술 등은 IoT, Big-Data, 사이버 금융 활성화, 스마트폰 기반으로 이루어지는 디지털 혁명 시대와 자율혁명 시대의 인터넷 사이버 보안 문제를 근원적으로 해결할 기술이 될 것이다.

후자의 기술은 블록체인 기술로서 핵심 구성 요소는 분산 환경, 암호화, 거래 장부의 분산, 동기화 기술이며 인터넷을 통한 거래의 안정성 확보, 분산된 ICT 자원의 효율적 활용을 목적으로 만들어졌다.

디지털 혁명 시대를 고도화하고 자율혁명 시대를 열기 위해서는 보안 위협을 선제적으로 해결해야 하며 CCN 등 차세대 인터넷과 블록체인 기술이 핵심이 될 것이다. 본 책에서는 자율혁명 시대의 주요 생활, 산업, 사회 변화 등을 다루므로 새로운 인터넷 체계의 도입은 여기서 설명을 마무리하고 타 산업과 연계되어 파급 효과가 높은 블록체인 기술을 설명하고자 한다.

블록체인은 탈중앙화, 탈제도권, 글로벌 네트워킹 등이 핵심 사상이라 할 수 있다. 공유 경제 등의 활성화와 함께 **소유**에서 **임대**로 패러다임이 전환되고 있으나 현재 진행형인 제4차 디지털 혁명 시대까지 대부분의 시스템은 중앙집중 방식이다. 막대한 투자비용을 자신이 투자해야하는 중앙집중 방식은 새로운 경쟁자의 출현을 막는 장벽이 될 수 있다. 글로벌에 분산되어 있는 개인들의 디지털 디바이스와 콘텐츠를 이용하는 분산 환경은 자본이 좌우하는 시대가 아니라 아이디어를 보유한 누구나 새로운 비즈니스를 시작할 수 있는 환경을 제공하고 있다.

또한, 국가, 민족 등 제도권을 벗어나 취미, 사상 등을 공유하고자 하는 글로벌 인류 간 자율 공동체의 글로벌 네트워킹 기반을 쉽게 만들 수 있는 것이다. 이와 같이 블록체인은 탈중앙화, 탈제도권, 글로벌 네트워킹을 활용하여 글로벌 인류 간 자율공동체와 새로운 글로벌 비즈니스 모델의 핵심 기술이 될 수 있을 것이다.

이와 같은 분산 환경의 효시는 P2P(Point to Point) 서비스일 것이다. P2P 서비스는 1990년대 초반 중앙집중식 슈퍼컴을 벗어나 전 세계에 분산되어 있는 PC를 활용하여 인터넷에 연결된 개인들의 PC와 콘텐츠를 상호 공유하기 위하여 개발되었으나 대부분의 서비스 업체들은 사라졌다.

P2P 비즈니스 모델은 가입자들에게 월 사용료를 부과하는 방식이었다. 사업 초기는 가입자들에게 무료 서비스를 제공하였으나 유료로 변경하자 가입자들은 대부분이 탈퇴하였다. 그 이유는 개인 PC, 콘텐츠 등 분산 환경 기반 비즈니스 모델의 자산은 개인 가입자의 소유다. 플랫폼 사업자인 공급자는 자산의 소유자인 가입자들에게는 수익을 배분하지 않고 공급자가 독식하는 비즈니스 구조를 출시하였다. 또한, 그 당시는 디지털 자산의 유료화에 대한 사회적 기반도 조성되어 있지 않았다. 어떻게 성공할 수 있을 것인가? 당연히 대부분의 P2P 서비스 업체는 사라졌다.

따라서 분산 환경 비즈니스 모델은 플랫폼 사업자와 가입자가 주주가 되고 사용자(참여자도 사용자가 될 수 있음)에게 과금을 하거나 광고 등을 유치하여 수익을 만들고 이를 사업자와 가입자가 공유하는 방식이 정당했을 것이다.

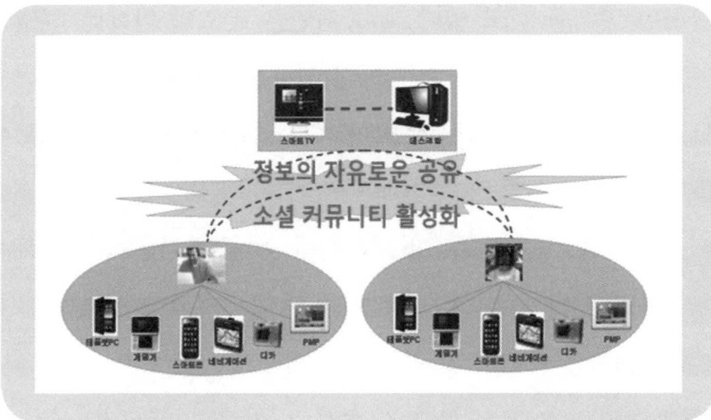

〈 개인 ICT 자산을 활용한 정보 및 커뮤니티 공유를 위한 분산형 컴퓨팅 〉

블록체인의 핵심 사상 중 하나는 글로벌 네트워크이다. 세계는 글로벌 네트워크 구축을 위하여 노력하고 있다. 현재까지 대표적인 글로벌 네트워크 체계는 Facebook, Twitter, Whatapp, Hangout, Line 등 소셜 미디어와 스마트폰 App을 다운 받을 수 있는 구글 PlayStore와 애플 AppStore 등 소수이다. 하지만 소셜 미디어 기업들은 글로벌 가입자 확보와 가입자 기반 광고 수익을 주요 수익원으로 삼고 있다.

인류는 글로벌 자율 공동체로 진화하고 있다. 이와 같은 글로벌 네트워크를 구축하는 것이 5차 자율혁명 시대의 핵심 기술이자 비즈니스 모델일 것이다. 대부분의 사람들은 **블록체인 = 가상화폐**라는 잘못된 인식을 갖고 있다. 블록체인은 글로벌 인류를 연결하는 글로벌 네트워크라는 개념으로 인식을 전환할 필요가 있다.

비트코인, 이더리움, 라이트코인, 대시, 모네로 등 1천 종류 이상의 글로벌 네트워크가 수년 만에 만들어지고 있으며 앞으로 그 수는 기하급수적으로 증가할 수 있을 것이다. 이들은 단순한 가상화폐가 아니라 다양한 비즈니스와 글로벌 자율 공동체를 운영하는 글로벌 네트워크 역할을 담당할 것이다.

블록체인 기술은 분산 환경, 암호화, 디지털, 네트워킹, 실시간 등 기존에 개발된 기술을 상호 융합하여 보안성 강화를 목적으로 만든 기술이며 BitCoin이라는 가상화폐에 처음으로 적용하였다. 가상화폐는 화폐, 주식, 예금, 신용 카드 등 다양한 실물 화폐 기반의 제도권 금융과는 차별화된다.

블록체인 기반 가상화폐는 기존 제도권의 약점을 공략하는 니치 마켓 전략을 펼치고 있다. 제도권 금융권에서 운영하는 국가 간 송금 시스템은 기존 금융권이 독점적으로 운영하고 있으며 높은 수수료 체계를 낮추지 않고 있다. 독점은 오랫동안 유지되어 온 비즈니스 관행을 변화시키지 않으려 하며 신규 경쟁자의 진입은 철저하게 막고 있다. 이의 대안은 신규 경쟁자가 블록체인을 금융거래에 적용하는 것이다.

블록체인을 통한 금융 거래는 분산 환경을 활용하므로 글로벌 네트워킹 구축에 투자비가 낮을 뿐만 아니라 거래 수수료를 기존 금융권과 비교하여 획기적으로 낮출 수 있다. 앞으로 블록체인 기술 전문기업이 국가 간 금융 거래 비즈니스를 시작한다면 공급자 중심의 독점 정책을 고수하는 제도권의 금융 기관들은 심각한 경쟁에 직면하게 될 것이다.

초기의 가상화폐는 기존 제도권의 불합리한 면을 해소하면서 니치마켓 시장으로 성장할 것이다. 제도권의 규칙이 적용되지 않으므로 작전 세력 개입 등 다양한 문제가 필연적으로 발생할 수밖에 없을 것이다. 하지만 시간이 흐름에 따라 사람들은 자율적으로 규칙을 만들고 안정을 찾아 갈 것이다. 이 시점이 되면 개인들 간에 유통되는 새로운 형태의 디지털 자산으로 성장할 수 있을 것이다.

사람들은 블록체인의 보안 위험성에 대하여 의심하고 있다. 블록체인 기술이 적용된 BitCoin을 예를 들어보자. BitCoin의 특성을 알아보면 기존 제도권의 제약을 받지 않고 전 세계에 흩어져 있는 개인들 간의 거래로 이루어지며 이들 거래를 연결하기 위하여 세계에 거래소가 존재하는 것이다. 제도권의 힘이 닿지 않는 순수 글로벌 공동체인 것이다.

그렇다면 이에 따른 문제점은 무엇일까? 해킹이 문제가 될 수 있으나 블록체인 기술의 문제점이 아니라 기존 TCP/IP 환경에서 운영되는 거래소 시스템 자체의 문제이다. 기존 은행, 증권사 등 모든 금융 시스템 역시 TCP/IP 환경에서 운영되므로 동일한 문제점을 안고 있는 것이다. 블록체인 자체는 보안에 대한 안전한 기술이지만 거래하는 시장(거래소)에서 문제가 발생하는 것이다.

앞서도 말했듯이 이와 같은 문제점은 5차 자율혁명 시대가 활성화되기 전에 새로운 인터넷 체계의 도입, Big-Data, AI 등 다양한 기술의 조합을 통해 이와 같은 문제점은 필연적으로 해결될 수밖에 없다. 필자가 생각하는 가장 큰 문제점은 규칙이 없다는 것이다. 세계는 오랫동안 국가를 기반으로 규칙을 만들고 사람들은 그 규칙을 따르게 되어 있었다. 또한 세계 평화를 위해 개별 국가가 참여하는 글로벌 기구인 UN(United Nations)을 통하여 최소한의 규칙을 만들고 국가들은 이들 규칙을 지켜왔다.

그러나 사이버 세상에서 국가도 국경도 없이 개인들의 공동체로 운영되는 가상화폐는 누구의 제제도 받지 않으며 규칙도 없으므로 제도권에서 금지된 각종 부정적인 방법을 사용하여 최대의 이익을 획득하는 것이 유일한 규칙인 강자는 살아남고 약자는 죽는 적자생존, 즉 양육강식의 세계가 되어 있다. 만약 블록체인 기술을 만들고 가상화폐에 적용하기 전에 필요한 최소한의 규칙 등 공동체 규범을 먼저 만들고 실행으로 옮겼다면 이와 같은 현상은 최소화될 수 있었을 것이다.

이 시점에서 블록체인의 핵심 기술인 글로벌 분산 환경 기술을 기술적 관점에서 벗어나 사회적 관점에서 해석할 필요가 있다. 4차 디지털 혁명 시대는 대량생산 대량소비에 따른 3차 산업혁명 시대의 문제점인 황금만능주의, 인간성 상실, 환경오염, 세계 자원의 무분별한 사용, 글로벌 불균형, 글로벌 기후변화, 세대 간 갈등 등 다양한 문제점을 기존 제도권을 중심으로 해결하는 시대였다.

영국의 EU 탈퇴, 미국의 파리 기후협약 탈퇴, 청년 실업률 증가, 근로소득을 넘어서는 자본소득의 증가, 사회적 불균형 증가 등으로 디지털로 무장한 젊은 세대는 더 이상 제도권을 신뢰하지 않을 것이다. 또한, 원시 시대, 1차 농업혁명, 2차 상업혁명 시대 인류는 자연발생적 공간에서 친족 공동체 중심으로 생활하였으나 3차 산업혁명 이후 인류는 제도권이 만든 인위적 공간에서 상호 경쟁 속에서 살게 됨으로써 절대적 빈곤은 해소하였으나 상대적 빈곤과 인간성 상실 등을 겪게 되었다.

향후 AI, 로봇 등 다양한 첨단 기술의 발전과 함께 인류의 노동 투입 시간은 최소화될 것이다. 이와 같은 현상으로 5차 자율혁명 시대는 블록체인, 소셜 네트워킹, 인터넷, 스마트 폰, 3D 프린팅 등 다양한 디지털 기술과 초고속 교통의 발달로 기존 제도권을 벗어나 사람들의 취미, 직업, 생활방식, 가치관 등에 따라 다양한 글로벌 공동체가 만들어 질 것이다. 이들은 가상화폐의 문제점을 반면교사 삼아 공동체 유지를 위한 그들만의 규약을 만들고 블록체인을 기반으로 글로벌 자율 공동체를 운영할 것이다.

앞서 말한 바와 같이 정보통신기술의 발전과 함께 전통적인 물리적 화폐의 사용은 최소화되고 스마트폰 등 다양한 디바이스 기반으로 전자결제 형태로 결제가 이루어질 것이다. 달러, 유로, 엔, 위안화 등 전통적인 강대국의 화폐가 기축 통화 또는 준기축 통화로서 역할을 할 수도 있겠으나 국가도 시간의 흐름에 따라 흥망성쇠가 있듯이 특정 국가의 화폐가 더 이상 제5차 자율혁명 시대에는 현재와 같은 역할은 하기는 힘들 것이다. 현재 선진국들은 국가 경제가 어려울 때마다 대규모 화폐 및 국채 발행을 통하여 세계 경제를 혼란스럽게 하였다. 선진국은 화폐 발행을 통하여 주도적으로 어려움을 극복할 수 있었으나 개발도상국은 선진국의 경제정책에 따른 피해를 고스란히 입고 있다.

제5차 자율혁명 시대의 글로벌 공동체는 국가 중심이 아니라 전 세계에 흩어져 살고 있는 사람들 간의 공동체이다. 그들은 전통적인 국가별 화폐를 사용하고 있는 사람들의 결합체이기도 하다. 이런 글로벌 사회 현상에 따라 글로벌 공동체는 선진국 화폐를 통한 기준시가 결정을 최소화하려고 할 것이다. 이와 같은 대체 수단이 가상화폐가 될 가능성이 있을 것이다.

또한 가상화폐는 달러화와 같이 기축통화 역할을 하는 단일화폐 체계가 아니라 글로벌 공동체별로 자신들만의 가상화폐를 발행할 수도 있을 것이다. 필요시 글로벌 공동체간 동일 가상화폐를 공유하여 사용할 수도 있을 것이며 글로벌 공동체별 가상화폐를 현재의 국가별 화폐와 같이 기준 시가에 따라 상호 교환하여 사용하는 것도 가능하게 될 것이다.

글로벌 공동체는 전 세계에 흩어져 살고 있는 사람들 간의 자발적 커뮤니티이므로 은행의 금융 시스템과 같은 대규모 시스템을 구축하고 누군가 운영 관리하는 체계를 만드는 것은 불가능할 것이다. 이에 따라 이들은 블록체인 기술을 활용하여 구성원들이 보유한 PC, 텔레비전, 스마트폰 등 다양한 디바이스들을 하나의 완전한 시스템으로 연결할 것이다.

제4차 디지털 혁명 시대의 제도권의 중앙집중식 전산 시스템 체계는 사라질 것이며 구성원 개개인들이 보유한 다양한 시스템을 활용하여 AI 기반으로 자율적으로 시스템들은 운영 관리되며 전통적인 운영 관리자는 사라지게 될 것이다. 또한 수십억 개의 디바이스 중 수만, 수천만 개의 디바이스가 고장이 나더라도 글로벌 공동체의 운영을 위한 시스템은 정상적으로 동작하게 될 것이다.

전통적인 국가, 세계 기구 등의 제도권 시스템은 의사 결정을 위하여 일반 국민들을 대표하는 국회의원을 뽑고 그들이 국민의 뜻을 위임받아 대리 투표하는 형태로 운영되고 있으나 글로벌 공동체 사회는 블록체인 기술을 통하여 하나로 연결된 독립 시스템을 통하여 모든 구성원들이 실시간으로 의사결정에 참여하여 신속하게 의사결정을 하는 직접 민주주의 형태로 진행될 것이다. 즉, 모든 의사결정은 구성원 모두가 참여하여 결정하는 형태가 될 것이다.

미래의 글로벌 공동체 사회는 분산 환경 기반의 단일 시스템을 기반으로 집단지성 체계의 유지, 자유로운 의사 교환, 공동체 관심사 도출 등 전통적 제도권을 벗어나 새로운 인간 중심의 사회가 될 것이다.

자율혁명 시대의 글로벌 Business Model

4차 신산업으로 거론되는 사회적 기업을 분석하면 재미있는 결과를 알 수 있다. 2016년 기준 고용노동부가 인증한 사회적 기업은 전국적으로 1,905개 기업이 있으며 이중 현재 1,713개 기업이 활동하고 있다. 이중 1,030개 기업이 예비 사회적 기업이다.

2017년 사회적 기업 유형 분류는 일자리 제공형, 사회 서비스 제공형, 혼합형, 지역사회 공헌형, 기타형 등 5개 유형이 있다. 이중 일자리 제공형이 1,194개로 대부분이며 그 외 기타형 174개, 혼합형 171개, 사회 서비스 제공형 107개, 지역사회 공헌형이 67개 수준이다.

사회적 기업의 대부분을 차지하는 일자리 제공형은 제조업, 서비스업, 농산품 가공업, 교육 사업 등 기존 산업에 실버 계층, 장애인, 취약 계층 등을 고용하는 형태이다. 사회적 기업은 쇠퇴한 산업을 유통과 연계하거나 사회적 약자 보호 등 사회적 커뮤니티 강화 측면에서는 의미가 있을 수 있다. 하지만 사회적 기업 모델이 글로벌 경쟁력을 갖춘 미래 신산업 개발 측면에서는 한계성이 있을 수밖에 없다. 하지만 사회 커뮤니티 회복 측면에서는 미래 사회에서도 중요한 역할을 할 것이다.

4차 디지털 혁명 시대와 5차 자율혁명 시대에서는 글로벌 경쟁력을 갖추기 위해서는 ICT 등 첨단 신기술과 결합할 필요가 있다. Facebook, Twitter, WhatsApp, Line 등 소셜 미디어는 글로벌 망을 구축하기 위해 Global Social Networking, Messenger 등을 이용하고 있다.

대부분의 글로벌 망은 미국, 중국 등에 한정되어 있다. 특히 미국은 세계 최고 수준의 공유 경제와 Social Networking, Messenger 기반의 **글로벌 네트워킹**을 구축하였다. 또한 중국은 10억이 넘는 거대 인구를 기반으로 빠르게 미국 시장을 따라잡고 있다. Social Media

관점으로 글로벌 네트워킹을 구축하는 전략은 확장성에 한계성을 갖고 있다. 기존 Facebook, Twitter, Whatsapp 등 기존 글로벌 네트워킹이 자리를 잡고 있어 새로운 신규 App이 시장에 진입하기는 어렵다.

1~5차 사회혁명에서 다루었든 바와 같이 인류는 글로벌, 인간 중심, 커뮤니티, 실시간, 정보 등 새로운 패러다임으로 움직이고 있다. 5차 자율혁명 시대는 로컬성은 최소화되고 글로벌이 새로운 산업의 패러다임이 될 것이다.

어떻게 로컬성을 벗어나 글로벌성을 빠르게 확산시킬 수 있을까?

필자는 해답이 블록체인에 있다고 생각한다. 블록체인 사상은 글로벌 분산형 네트워킹을 구축하고 제도권을 벗어나 개인들 간 공동체로 자율적으로 운영되는 5차 자율혁명의 핵심 사상을 갖고 있다.

이와 같은 자율 혁명 시대에는 어떤 글로벌 비즈니스가 만들어질 수 있을까? 플랫폼, 블록체인, 집단지성(참여형), 공유 경제, 디지털 자산 등 다양한 기술과 경영이 결합하여 글로벌 신산업이 만들어지지 않을까 생각한다. 대상 분야는 금융 거래, Crowd Funding, IoT 인프라, VR/AR 콘텐츠, 실시간 Live 공연, Game Platform, 출판 산업, 디지털 사진 등 다양한 분야에 적용할 수 있을 것이다.

먼저 전통적인 제도권의 금융 산업을 혁신하여 신산업이 만들어질 수 있을 것이다. 전통적인 글로벌 금융 거래는 카드사, 은행, 증권 회사 등 제도권의 글로벌 망을 사용하여 이루어지고 있다. 기존 제도권은 독점을 기반으로 신규 경쟁사의 유입을 최소화하고 자신들만의 영역을 만들었다. 이들은 수요자(인류)의 니즈나 새로운 패러다임을 만들어 가는 것이 아니라 정해진 수수료율을 정하고 그 룰 안에서 자기들끼리만 경쟁을 하고 있다. 한 마디로 수요자를 생각하지 않는 공급자 중심의 생산 체계를 그대로 유지하고 있는 것이다.

과거에는 경제적, 기술적 요인으로 글로벌 네트워킹 구축이 전통적인 제도권이 아니면 어려웠으나 현재는 블록체인이라는 기술로 전 세계를 하나로 연결하는 글로벌 네트워킹을 빠른 시간 안에 만들 수 있게 되었다. 미래 사회는 지역 중심에서 글로벌 인류 간 교류가 활발하게 될 수밖에 없다. 이와 같은 사회 현상은 송금 및 환전, 글로벌에서 사용될 수 있는 다양한 화폐 체계 구축, 기업 공개를 통한 펀딩, 개인 지갑(통장) 등 그동안 제도권에서 이루어졌던 시스템이 비제도권을 통해서도 운영될 수 있을 것이다. 핵심 기술은 글로벌 네트워킹을 구축하는 블록체인 기술일 것이다.

Apple이 스마트폰 시장을 선점하기 위해 삼성 등 다양한 스마트폰 기업과 특허 분쟁을 일으켰다. 이와 함께 전 세계는 IP(Intellectual Property)의 중요성을 인식하기 시작했다. 중국은 경제적으로 빠르게 발전하고 있으나 상대적으로 IP에 대하여는 경쟁력이 취약한 편이다. 미국은 중국을 견제하기 위해 중국 정부를 IP로

압박하고 있다. 무형의 자산에 가치를 지불해야 한다는 사회 시스템이 국제적으로 형성되고 있는 것이다.

이와 같은 현상은 기술 특허뿐만 아니라 개인이 촬영한 사진, 동영상, 노래, 출판물 등 다양한 분야로 확대되고 있다. 스마트폰 App, 홈페이지 등의 확산과 함께 이와 같은 디지털 저작물 시장은 확대되고 있다. IP의 중요성과 함께 디지털 자산 시장은 기하급수적으로 성장하고 있다. 따라서, 집단지성 시스템을 통한 콘텐츠 생산 증가, IP의 중요성에 따른 무형 자산에 대한 가치 지급의 당위성, 글로벌 인류 간 이동과 교류의 증가, 인터넷을 통한 실시간 글로벌 정보 공유 등으로 글로벌 디지털 자산 유통에 대한 사회 기반은 마련되었다 할 수 있을 것이다.

게임, 사진, 영상, 영화 등 다양한 분야가 글로벌 디지털 자산 유통의 대상이 될 수 있을 것이다. 이와 같은 시장은 블록체인을 통한 글로벌 네트워킹 체계의 구축, 집단지성 시스템을 통한 콘텐츠 생산자 확보, 플랫폼을 통한 생산자와 소비자간 거래 체계 구축, 디지털 코인을 통한 실시간 단일 가치 평가 체계와 거래 체계 도입 등으로 만들어 질 것이다.

우선 대표적인 첨단 기술인 VR, AR 기술을 활용한 디지털 자산 콘텐츠 글로벌 플랫폼을 알아보자.

기술 발전 초기는 VR, AR 기술 개발 중심이었으나 현재는 다양한

VR, AR 생산자가 참여하여 기하급수적으로 콘텐츠가 생산되고 있다. 디즈니사, 픽사 등 전통적인 기업 중심의 생산과 영화 등 제한적인 용도 중심에서 게임, 여행 등 다양한 분야와 결합하거나 기술을 갖고 있는 개인들이 생산자로 참여하는 집단지성 체계로 발전하고 있다.

집단지성의 발전은 콘텐츠를 공급하는 생산 체계가 충분히 갖춰지고 있다는 것이다. 콘텐츠 산업의 초기나 현대의 기성세대는 콘텐츠의 유료화에 대하여 부정적인 시각을 갖고 있었으나 현대의 젊은 세대는 콘텐츠 유료화를 당연시하는 사회 시스템이 만들어져 가고 있다. 콘텐츠의 유료화에 대한 사회 시스템의 인식 체계가 마련되었다는 것은 수요자 기반이 만들어지고 있다는 것이다.

새로운 VR, AR 글로벌 콘텐츠 유통 플랫폼은 블록체인 기반으로 글로벌 네트워킹을 구축하고 집단지성 시스템을 통하여 생산자를 확보하고 플랫폼과 Digial Coin(콘텐츠 거래를 위한 단일 가치 산정 기준)을 통하여 수요자와 공급자를 연결하는 새로운 비즈니스 모델이 생겨나고 있으며 더욱 확산될 것이다.

다음은 다양한 음악 등 실시간 공연 등이 새로운 글로벌 비즈니스 모델이 될 수 있을 것이다. 21C와 함께 뮤지컬, 길거리 공연, 연주회 등 다양한 Live 공연이 전 세계에서 동시에 이루어지고 있다. 또한, 개발도상국은 국가 경쟁력을 확보하기 위하여 문화를 관광 산업과 결합하여 다양한 공연을 제공하고 있다. 전 세계는 365일 축제와 공연이 제공되고 있다고 보아도 지나치지 않을 것이다.

블록체인 기반 글로벌 네트워크 세계에 살고 있는 글로벌 인류와 실시간 라이브 공연을 연결하는 플랫폼을 구축하는 것은 가능하지 않을까? 실제로 모 스타트업 기업은 이를 구현하기 위하여 비즈니스 모델을 만들고 블록체인 기반으로 구현하고 있다. 그 일환으로 Live 공연 장소, 일시, 내용, 주요 이벤트 내용 등을 실시간으로 글로벌로 제공하는 블록체인 기반 플랫폼을 완성하였다.

Live 공연 콘텐츠 등록은 생산자가 담당하며 콘텐츠 확대를 위하여 등록하는 공연자에게 일정 포인트를 지급하는 시스템을 도입하였다. 향후 Live 공연에 참여하는 참여자에게 티켓을 판매하는 글로벌 판매망을 단일 가치 평가 체계인 Digital Coin으로 판매하거나 아마추어 공연자에게 기부하는 Crowd Funding 등으로 확대할 계획을 갖고 있다. 이와 같이 경제 성장과 함께 엔터테인먼트 산업의 발전과 자발적 공연을 하는 집단지성 시스템의 확산은 이와 같은 엔터테인먼트형 신산업이 새로운 글로벌 Business 모델이 될 수 있을 것이다.

출판 산업을 보자. 출판 산업은 짧은 시간에 아날로그 조판 방식에서 디지털로 급격히 바뀌었다. 웹툰, 전자책 등 디지털 체계가 활성화되고 있다. 과연 미래의 출판 산업은 어떻게 발전할까? 전 세계적으로 책을 출간하고자 하는 개인 수요 즉, 집단지성 시스템은 기하급수적으로 증가하고 있다. 자서전, 자기계발서, 교양서 등 다양한 책이 발간되고 있다.

다른 사례와 같이 집단지성 시스템을 통한 생산 체계는 충분히 갖춰지고 있다. 하지만 대부분의 책은 완성되더라도 자신의 모국어로만 만들어지고 있으며 지역성을 벗어나기 어렵다. 출판 산업의 미래성을 확보하기 위해서는 전 세계 언어로 빠른 시간에 번역할 수 있는 체계와 글로벌 유통망을 만들 필요가 있다. 아마존은 킨들이라는 자체 e-북 전용기기를 만들고 전자책 사업을 시작하였다. 기존 출판사, 전문작가, 일반인들이 참여하는 집단지성 시스템은 만들었으나 단순 생산자와 소비자를 글로벌로 연결하는 체계만 운영하고 있다.

미래의 출판 산업은 글로벌 네트워킹을 기반으로 집단지성이 참여하여 책을 생산하고, 전 세계인이 참여하여 글로벌 언어로 번역하여 글로벌 인류가 동시에 책을 읽을 수 있는 체계를 갖추는 것은 가능하지 않을까? 앞에서 제시한 바와 같이 비키(ViKi)를 여기에 적용한다면 가능할 것이다. 작가와 번역자간 지적 재산권 공유 구조를 도입하여 생산자가 제공하는 콘텐츠를 집단지성이 참여하여 세계 언어로 번역하는 글로벌 체계를 도입하는 것이 가능할 것이다.

미래의 출판 산업은 블록체인을 활용하여 전 세계인을 글로벌 네트워킹으로 연결하고 생산자(작가)와 재생산자(번역가)가 참여하는 집단지성 시스템, 생산자, 재생산자, 소비자를 디지털 코인을 기반으로 상호 연결한 거래 체계 구축 등 글로벌 출판 산업이 만들어 질 수 있을 것이다.

그 외에도 앞서 IOT, Big-Data, A · I, 공유경제 등에서 언급했던 다양한 비즈니스 모델이 제5차 자율혁명 시대의 글로벌 인류 간 자율 공동체와 결합하여 미래 산업이 될 것이다.

이와 같이 미래의 신산업은 기존 지역 중심, 전문가 중심, 아날로그 중심, 제도권 중심에서 글로벌, 누구나 참여하는 집단지성, 디지털, 자율 등 새로운 패러다임과 결합하는 형태로 발전해 나갈 것이다.

글을 맺으며

태초 이래 인류는 자연을 있는 그대로 활용하는 단계에서 자연계에 존재하지 않던 기술 개발로 사회를 혁신적으로 발전시켜 왔다. 사람, 바람, 수력 등 자연의 힘은 증기기관, 내연기관 등의 발명과 함께 인간이 만든 기술로 대체되었고 자연이 제공하는 재료를 활용하여 생산력을 혁신적으로 높였다.

대량생산, 대량소비 사회의 탄생은 인류가 특정 공간에 집중적으로 모여 사는 도시화를 가속화시켰고 인간의 탐욕과 연결되어 지구

온난화, 환경오염, 산림 파괴 등 자연을 위협하고 있다. 도보에서 시작한 인류는 수레, 배, 자동차, 비행기 등 다양한 교통수단의 발명과 함께 살아가는 현실 공간을 글로벌로 확장하였다.

현실 공간의 아날로그는 인간이 만든 0과 1의 이진법으로 표현되는 디지털로 사이버 공간을 만들었으며 디지털과 아날로그가 현실에서 융합하는 **유비쿼터스, 스마트, O2O(Online to Offline)** 공간으로 단계별로 진화하고 있다. 융합 공간은 수직적 의사 결정 체계와 제한적 데이터 중심에서 수평적, 집단적 의사결정(집단지성), 광범위한 데이터 활용(Big-Data, AI), 사물의 디지털화(IoT) , 글로벌 인간 관계 형성(Social Networking, Social Media) 등 첨단 기술과 결합하여 실시간 글로벌 공동체를 만들어가고 있다.

인류가 그동안 꿈꿔왔던 실시간 글로벌 사회가 현재진행형으로 만들어지고 있다. 미래 사회는 그동안 기술적으로 불가능했던 현실 공간과 시간의 벽을 넘어 국가, 민족, 금융, 기업 등 전통적인 규범 체계를 벗어나 글로벌 인류 간 다양한 공동체를 만들고 탈규범화, 탈제도화, 공동체 자치규약 등으로 사람 중심의 자율 시대로 진화할 것으로 생각한다.

기술은 홀로 고립되어 있는 것이 아니라 사회의 단계적 진화와 결합하여 사회 발전을 가속화하는 것이며 인간 니즈의 반영이라 할 수 있다. 사람들은 현대와 미래 사회에 살아가기 위해 기술적 지식을 습득하여야 하지만 용어의 생소함과 기술 문서의 이해에 어려움을 호소하고 있다. 우리는 기술 자체만 습득할 것이 아니라 기술과 사회가 어떻게 결합하는가? 왜 만들어졌는가? 핵심 사상은 무엇인가? 등의 개념을 우선 알 필요가 있다.

블록체인을 예로 들자면, 현대 사이버 보안의 문제 해결, 글로벌 네트워크를 통한 자율 시대의 인프라 구축 등으로 글로벌 인간 관계를 형성하고 공동체를 구축하기 위해 만들어졌으나 사람들은 **블록체인 = 암호화폐(Crypto Currency)**라는 오해를 하고 있다.

암호화폐를 알기 위해서는 블록체인의 사상과 핵심 개념은 무엇인가? 돈(Fiat Currency)이란 무엇인가? 달러 · 유로 · 위안 · 엔 등 강대국들의 화폐 정책은 정의(Justice)롭게 작동하고 있는가? 전 세계 자산 규모는 현실 화폐로 얼마나 되는가? 등 기술, 경영 · 경제, 사회학 등 다양한 분야에 대한 제반 지식이 필요하다.

역사는 순환되며 인류의 과거 · 현재 · 미래는 독립적으로 존재하는 것이 아니라 뫼비우스의 띠와 같이 무한대로 연결되어 있다. 즉, 동양철학의 **일시무시일(一始無始一) 일종무종일(一終無終一)**이라 할 수 있다. 사람들에게 기술 분야에 대한 접근성을 높이기 위하여 인류의 탄생에서 현대까지 사회 변화와 기술의 연관성을 사회 · 경제적 관점에서 기술을 설명하려고 노력하였다. 기술은 어렵고 전문 분야라는 인식을 탈피하고 미래 사회를 예측하여 젊은 세대들이 미래의 새로운 먹거리를 찾기를 바라는 마음으로 글을 맺는다.

끝으로 이 글을 쓰는 과정에서 무한한 신뢰와 지지를 보여준 아내와 두 아들(민근, 민재)에게 진심으로 감사의 말을 전한다.